BIBLIOGRAPHISCHER DIENST STAAT UND RECHT

Herausgeber:
DEUTSCHES INSTITUT FÜR RECHTSWISSENSCHAFT
Potsdam-Babelsberg

Jahrgang 3/1957 — Heft 6
November / Dezember

AKADEMIE-VERLAG · BERLIN

Inhaltsverzeichnis:

A. Bibliographie aus Zeitschriften der Deutschen Demokratischen Republik, der Sowjetunion und der Länder der Volksdemokratie 421

B. Bibliographie aus Zeitschriften der Deutschen Bundesrepublik . . . 445

C. Verzeichnis der Neuerwerbungen der Bibliothek des Deutschen Instituts für Rechtswissenschaft 468

D. Inhaltsverzeichnis aus der Zeitschrift „Sovetskoe gosudarstvo i pravo" 495

E. Verzeichnis der in der Bibliothek des Deutschen Instituts für Rechtswissenschaft vorhandenen unveröffentlichten Übersetzungen . . . 499

Alphabetisches Sachgruppenverzeichnis 504

Auslieferungen:

Für das Gebiet der Deutschen Demokratischen Republik: LKG-Leipziger Kommissions- und Großbuchhandel, Leipzig C 1, Leninstraße 16

Für das Gebiet der Deutschen Bundesrepublik: KUNST UND WISSEN Inh. Erich Bieber, Stuttgart N, Hospitalstraße 33a

Für das gesamte Ausland: Deutsche Buch-Export und -Import GmbH., Leipzig C 1, Postschließfach 276, oder Akademie-Verlag GmbH., Berlin W 8, Mohrenstraße 39

Bestellungen sind zu richten an eine Buchhandlung oder an die Post

---

Herausgeber und verantwortlich für den Inhalt: Der Direktor des Deutschen Instituts für Rechtswissenschaft. Redaktion: Dr. Renate Bellmann und Helmut Luft, Potsdam-Babelsberg, Karl-Marx-Straße 2. Verlag: Akademie-Verlag GmbH., Berlin W 8, Mohrenstraße 39, Fernruf: 200386, Postscheckkonto: 35021. Bestell- und Verlags-Nr. dieses Heftes: 1049/3/6. Die Zeitschrift erscheint zweimonatlich. Bezugspreis für den Jahrgang einschließlich Register: DM 22,20; Einzelheft: DM 3,70. Veröffentlicht unter der generellen Druckgenehmigungs-Nr.: Ag 715/57 DDR. Gesamtherstellung: VEB Druckerei „Thomas Müntzer" Bad Langensalza.

A. BIBLIOGRAPHIE AUS ZEITSCHRIFTEN DER DEUTSCHEN DEMOKRATISCHEN REPUBLIK, DER SOWJETUNION UND DER LÄNDER DER VOLKSDEMOKRATIE

Diese Bibliographie enthält eine Auswahl einschlägiger Artikel aus folgenden Zeitschriften: 1)

a) Deutschsprachige Zeitschriften

Ahdl.	= Der Außenhandel, Berlin	1957,H.15-18
Altertum	= Das Altertum, Berlin	1957,Bd 3,H.1
Arb.	= Die Arbeit, Berlin	1957,H.8-9
ArbR	= Arbeitsrecht, Zeitschrift für Theorie und Praxis, Berlin	1957,H.8-9
Aufb.	= Aufbau (Kulturpolitische Monatsschrift), Berlin	1957,H.8-9
A.u.S.	= Arbeit und Sozialfürsorge, Berlin ...	1957,H.12-18
Ber.Dt.Wirtsch.Inst.	= Berichte des Deutschen Wirtschaftsinstituts, Berlin	1957,H.10-16
ddz	= Dokumentation der Zeit, Berlin	1957,H.148-150
Dem.Aufb.	= Demokratischer Aufbau, Berlin	1957,H.16-18
Dem.u.R.	= Demokratie und Recht, Berlin	1957,H.4
DFW	= Deutsche Finanzwirtschaft, Berlin ...	1957,H.15-18
Dt.Auss.pol.	= Deutsche Außenpolitik, Berlin	1957,H.9
Dt.Zs.Philos.	= Deutsche Zeitschrift für Philosophie, Berlin	1957,H.3-4
Einh.	= Einheit, Berlin	1957,H.8-9
EuV	= Erfindungs-und Vorschlagswesen,Berlin	1957,H.16-18
Forum,Wiss.Beil.	= Wissenschaftliche Beilage des Forum, Berlin	1957,H.17-18
Hdl.	= Der Handel, Berlin	1957,H.7-9
Hswesen	= Das Hochschulwesen, Berlin	1957,H.7-9
Jug.Heimerz.	= Zeitschrift für Jugendhilfe und Heimerziehung, Berlin	1957,H.8-9
Nat.	= Die Nation, Zeitschrift für Theorie und Praxis nationaler Politik, Berlin ...	1957,H.8-9
NJ	= Neue Justiz, Berlin	1957,H.16-20
N.Weg	= Neuer Weg, Berlin	1957,H.15-17
N.Zeit	= Neue Zeit, Moskau	1957,H.31-39
RID	= Rechtswissenschaftlicher Informationsdienst, Berlin	1957,H.16-20
Schöffe	= Der Schöffe, Berlin	1957,H.8-10

Sov.Wiss.(GB)	= Sowjetwissenschaft, Gesellschaftswiss. Beiträge, Berlin	1957,H.8-10
Soz.Vers.	= Die Sozialversicherung, Berlin	1957,H.10
Stat.Prax.	= Statistische Praxis, Berlin	1957,H.7-9
St R	= Staat und Recht, Berlin	1957,H.7-9
Vertr.Syst.	= Vertragssystem, Berlin	1957,H.2
Vpol.	= Die Volkspolizei, Berlin	1957,H.15-18
Weltb.	= Die Weltbühne, Berlin	1957,H.33-40
WGBew.	= Die Weltgewerkschaftsbewegung, Berlin	1957,H.8-9
Wirtsch.Wiss.	= Wirtschaftswissenschaft, Berlin	1957,H.5-6
Wiss.Ann.	= Wissenschaftliche Annalen, Berlin	1957,H.9
WZ Berlin(GR)	= Wissenschaftliche Zeitschrift der Humboldt-Universität, Berlin (Ges.u.Sprachwiss.R.),	1956/57,H.1
WZ Jena(GR)	= Wissenschaftliche Zeitschrift der Friedrich-Schiller-Universität Jena (Ges.u.Sprachwiss.R.)	1956/57,H.5
ZRG,Germ.Abt.	= Zeitschrift der Savigny-Stiftung für Rechtsgeschichte, Germanistische Abteilung Weimar	1957,Bd 74
ZRG,Kan.Abt.	= Zeitschrift der Savigny-Stiftung für Rechtsgeschichte, Kanonistische Abteilung Weimar	1957,Bd 74
ZRG,Rom.Abt.	= Zeitschrift der Savigny-Stiftung für Rechtsgeschichte, Romanistische Abteilung Weimar	1957,Bd 74
Zs.Gesch.Wiss.	= Zeitschrift für Geschichtswissenschaft, Berlin	1957,H.5

b) Fremdsprachige Zeitschriften

	Kommunist, Moskau	1957,H.10-13
Mežd.žizn	= Meždunarodnaja žizn (Das internationale Leben), Moskau	1957,H.7-9
	Nová mysl (Neuer Geist), Prag	1957,H.8-9
	Nowe Drogi (Neue Wege), Warschau	1957,H.8-9
N.P.	= Nowe Prawo (Neues Recht), Warschau	1957,H.7-9
P.i P.	= Państwo i Prawo (Staat und Recht), Warschau	1957,H.4-6
Pr.	= Pravnik (Der Jurist), Prag	1957,H.7
Probl.econ.	= Probleme economice (Fragen der Ökonomie), Bukarest	1957,H.6
Pr.štúdie	= Právnické štúdie (Juristische Studien), Bratislava	1957, H.2
Przegl.zach.	= Przeglad Zachodni (Westliche Rundschau) Posen	1957,H.3
Soc.pravo	= Socialističesko pravo (Sozialistisches Recht), Sofia	1957,H.6

Sov.gos.pravo= Sovetskoe gosudarstvo i pravo (Sowjetstaat und Sowjetrecht), Moskau 1957,H.8-9

Vopr.ekon. = Voprosy ekonomiki (Fragen der Ökonomie), Moskau 1957,H.6

Vopr.fil. = Voprosy filosofii (Fragen der Philosophie), Moskau 1957,H.3

Vopr.ist. = Voprosy istorii (Fragen der Geschichte), Moskau 1957,H.4-8

1) Die hier aufgeführten Hefte sind gemäß der Benutzungsordnung der Bibliothek des Deutschen Instituts für Rechtswissenschaft bedingt ausleihfähig.

1.Marxismus-Leninismus [1)]

Batyrmurzaev,M.T.(Batyrmursajew,M.T.): Die Dialektik von Inhalt und Form und einige Besonderheiten ihrer Wechselbeziehungen in der sozialistischen Gesellschaft. (Vestnik Leningradskogo Universiteta,1957, H.5; deutsch: Sov.Wiss.(GB) 1957,H.10, S.1193-1203)

Butenko,A.P.: Das Volk als soziologische Kategorie. (Vopr.fil.,1957, H.1; deutsch: Sov.Wiss.(GB),1957,H.9, S.1088-1095)

Hager, K.: Aussprachen und Meinungsstreit als Hilfe für die Intelligenz zum Verständnis des Sozialismus und der eigenen Verantwortung. (Hswesen, 1957,H.9, S.381-389)

Mückenberger,E.: Das Bündnis der Arbeiterklasse mit den werktätigen Bauern. (Arb.,1957,H.9, S.26-32)

Pomelov,I.(Pomelow,I.): Die Vereinigung der Kräfte des Sozialismus und einige Fragen zum ideologischen Kampf in Ungarn.(Kommunist,1957. H.10, S.73-90)

Stepanjan,C.A.(Stepanjan,Z.A.): Lenin über die allgemeinen Gesetzmäßigkeiten und konkreten Formen des Übergangs zum Sozialismus. (Vopr.fil.,1957,H.2; deutsch: Sov.Wiss.(GB),1957,H.9, S.1039-1053)

Svěrák,V.: Zu einigen Fragen der marxistisch-leninistischen Theorie über die Stellung des Proletariats. (Nová mysl,1957,H.9, S.791-805)

Varga,E.: Es gibt keine "Krisis des Kommunismus".(Kommunist,1957, H.10, S.100-112)

Erklärungen hervorragender Gewerkschaftsführer zum 4.Weltgewerkschaftskongreß. (WGBew.,1957,H.9, S.1-17) 7,19

Thesen des Weltgewerkschaftsbundes zum 4.Weltgewerkschaftskongreß 4.bis 15.Okt.1957 in Leipzig. (WGBew.,1957,H.9 (Beil.); S.2-12) 7,19

1) Die nach der Fundstelle eines Artikels angegebenen Zahlen verweisen auf die Bedeutung dieses Artikels auch für andere Fachgebiete entsprechend der hier zugrundegelegten Systematik.

2.Rechtswissenschaft (Aufgaben und Methoden)

Hossinger,K.: Forschung, Lehre und Leben - auch in der Staatswissenschaft eine Einheit! (St R,1957,H.8/9, S.941-949) 7

Kerimow,D.A.: Grundfragen der Methodologie zur Erforschung staatlicher und rechtlicher Erscheinungen. (St R,1957,H.8/9, S.868-883) 2

Lakatoš,M.: Zu einigen Fragen der Zusammenarbeit der Wissenschaft mit der Gesetzgebung. (Pr.,1957,H.7, S.633-639)

3.Staats-und Rechtstheorie

Aleksandrov,N.(Alexandrow,N.): Die Festigung der sozialistischen Gesetzlichkeit ist eine wichtige Voraussetzung für die Entwicklung der sozialistischen Ordnung. (Kommunist,1957,H.11, S.51-63; deutsch: RID, 1957,H.19, Sp.570-583)

Borucka-Arctowa,M.: Die Bedeutung der soziologisch-juristischen Forschungen für die Theorie des Staates und des Rechts.(P.i P.,1957, H.4/5, S.706-716)

Bratus,S.N.: Wir müssen von W.I.Lenin lernen, wie theoretische Rechtsfragen zu entscheiden sind. (Sov.gos.pravo,1957, H.4, S.3-11; deutsch: RID,1957, H.19, Sp.561-570)

Büttner,H.: Ideologie der Angst vor der Bewußtheit der Massen.(St R, 1957,H.8/9, S.801-818)

Georgij Dimitroff und die Fragen der sozialistischen Gesetzlichkeit und der Volksdemokratische Staat. (Soc.pravo, 1957,H.6, S.1-6)

Gottschling,E.: "Moderne" Elite-Theorien in Westdeutschland.(St R, 1957, H.7, S.691-708) 4

Kamnitzer,H.: Gesellschaftsordnung und Nationalstaat.(Aufb.,1957, H.8, S.115-122)

Kühlig,G.: Das Programm der Abendländischen Akademie.(St R, 1957, H.7, S.727-737)

Lang,W.: Ist die sogen.Rechtsdogmatik eine theoretische Wissenschaft? (P.i P.,1957,H.4/5, S.913-918) 2

Lopatka,A.;Z.Ziembinski: Der Versuch, die Regeln des gesellschaftlichen Zusammenlebens nach der Rechtsprechung des Obersten Gerichts zu systematisieren. (P.i P.,1957,H.4/5, S.802-822)

Mal'kewič,V.V.(Malkjewitsch,W.W.): Die schöpferische Rolle der Massen bei der Schaffung der ersten Gesetze der Sowjetmacht. (Sov.gos.pravo,1957,H.8, S.12-21) 5

Rozmaryn,St.: Ein neuer Versuch der "soziologischen Orientierung" in der französischen Verfassungsrechtswissenschaft.(Mit engl.,frz. u.russ.Résumé) (P.i P.,1957,H.4/5, S.823-839) 7

Stal'gevič,A.K.(Stalgewitsch,A.K.): Über die Theorie der sozialistischen Rechtsverhältnisse. (Sov.gos.pravo,1957,H.2; deutsch: Sov. Wiss.(GB) 1957,H.10,S.1236-1248;RID,1957,H.19, Sp.583-592)

Szabo,I.: Über die Besonderheiten der Entwicklung des Rechtes in der Ungarischen Volksrepublik. (Sov.gos.pravo, 1957,H.8, S.42-51) 7

Wrólewski,J.: Die phänomenologische Rechtsphilosophie in Lateinamerika. (P.i P.,1957, H.6, S.1185-1197)

Zawadzki,S.: Zur Frage des Begriffs der Gesetzlichkeit (Bemerkungen zum Art.von Z.Izdebski: "Die Revision des Begriffs der Volksgesetzlichkeit"). (P.i P.,1957,H.4/5, S.909-913)

Znamierowski,C.: Gerechtigkeit. (P.i P.,1957,H.4/5, S.699-705) 2

4.Geschichte der Staats-und Rechtstheorie

Gloege,G.: Politia divina. Die Überwindung mittelalterlichen Sozialdenkens durch Luthers Lehre von der Obrigkeit.(WZ Jena(GR),1956/57, H.5, S.445-460)

Gromalov,B.S.: Die staatsrechtlichen Anschauungen Thomas Jeffersons. (Sov.gos.pravo,1957,H.9, S.93-104)

Schröder,H.: Die Historische Rechtsschule - eine Bastion der Reaktion in Deutschland. (Zum Artikel von Karl Marx "Das philosophische Manifest der historischen Rechtsschule") (Dem.u.R.,1957, H.4, S.177-183)

5.Staats-und Rechtsgeschichte

40 Jahre Oktoberrevolution. Fragen der Außenpolitik des Sowjetstaates Die gem.Sitzung d.Lehrstuhls f.Gesch.d.Neuzeit an d.Akad.f.Gesellschaftswiss.beim ZK d.KPdSU u.d.Redaktionskollegiums d.Zeitschr. "Meždunarodnaja žizn." (Mežd.žizn,1957, H.9, S.3-50) 6

Barg,M.A.: Normannische Eroberung und die Entstehung der Leibeigenschaft in England. (Vopr.ist.,1957, H.7, S.87-103)

Behrens,D.: Begriff und Definition in den Quellen. (ZRG,Rom.Abt., 1957, Bd 74, S.352-363)

Chloros,A.G.: Unus casus und die Digesten. (ZRG,Rom.Abt.,1957,Bd 74, S.373-384)

Daube,D.: Sale of Inheritance and Merger of Rights. (ZRG,Rom.Abt., 1957, Bd 74, S.234-315)

Demelius,H.: Die Breisgauische Landtafel 1783. (ZRG,Germ.Abt.,1957, Bd 74, S.261-266)

Dörrer,A.: Brotspenden als Verlöbnis- und Gemeinschaftsbrauch. (ZRG,Germ.Abt.,1957, Bd 74, S.266-271)

Düll,R.: Fälle des "amburi" im Licht des Retorsions-und Kompensationsgedankens im antiken Strafrecht. (ZRG,Rom.Abt.,1957, Bd 74,S.384-394)

Epštejn,A.D.(Epschtejn,A.D.): Zur Frage der Reformation und des Bauernkrieges in Deutschland als der ersten bürgerlichen Revolution. (Vopr.ist.,1957,H.8, S.118-142)

Fierlinger,Z.: Die Große Sozialistische Oktoberrevolution und die Freiheit der Tschechoslowakei. (Mežd.žizn, 1957,H.7, S.23-31)

Gericke,W.: Wann entstand die Konstantinische Schenkung? (ZRG,Kan. Abt.,1957, Bd 74, S.1-88)

Gernhuber,J.: Strafvollzug und Unehrlichkeit. (ZRG,Germ.Abt.,1957, Bd 74, S.119-197)

Gus,M.: Polen und der deutsche Imperialismus. (N.Zeit,1957, H.35, S.11-15)

Haeberlein,H.U.: Die Kausalbeziehungen bei der delegatio.(ZRG,Rom. Abt.,1957, Bd 74, S.100-154)

Heckel,M.: Staat und Kirche nach den Lehren der evangelischen Juristen Deutschlands in der ersten Hälfte des 17.Jahrhunderts.T.2 (Schluß). (ZRG,Kan.Abt.,1957, Bd 74, S.202-309)

Herrmann,J.: Der 11.deutsche Rechtshistorikertag.(ZRG,Rom.Abt.,1957, Bd 74, S.536-540)

Hoffmann,H.: Rumänien früher und heute. (Nat.,1957,H.8, S.571-577)

Kaser,M.: Periculum locatoris. (ZRG,Rom.Abt.,1957, Bd 74, S.155-200)

Kaufmann,E.: Die Bürgschaft im Recht des Ingelheimer Oberhofes. (ZRG,Germ.Abt.,1957, Bd 74, S.198-219)

Kießling,E.: Quittungshomologie über den Empfang eines Verpflichtungsvermächtnisses. (ZRG,Rom.Abt.,1957, Bd 74, S.345-351)

Kjöllerström,S.: Die Debatte über Kirche und Staat in Schweden. (ZRG,Kan.Abt.,1957, Bd 74, S.309-326)

Krogmann,W.: Rechtsgeschichte ohne Philologie? (ZRG,Germ.Abt.,1957, Bd 74, S.271-274)

Matern,H.: Lenin als Staatsmann - Organisator und Führer der Massen. (Zs.Gesch.Wiss.,1957, H.5, S.901-904)

Mayer-Maly,T.: Haftung aus Miete nach Staatsunrecht. (ZRG,Rom.Abt., 1957, Bd 74, S.363-373)

Meschia,Š.A.;Ju.Lomouri;O.D.Lordkipanidze (Messchia,Sch.A.): Einiges über die Entstehung des Staates und über die Sklavenhalterformation in Georgien. (Vopr.ist.,1957, H.7, S.104-120)

Mess,F.: Wartburgkrieg und Sachsenspiegel. (ZRG,Germ.Abt.,1957,Bd 74, S.241-256)

Metz,W.: Zur Geschichte der fränkischen centena. (ZRG,Germ.Abt.,1957, Bd 74, S.234-241)

Mišin,M.I.(Mischin,M.I.): W.I.Lenin über die Möglichkeit einer friedlichen Entwicklung der Revolution im Jahre 1917. (Vopr.ist.,1957, H.5, S.17-42)

Norden,A.: Die Oktoberrevolution und die deutsche Arbeiterbewegung. (Mezd.zizn,1957, H.8, S.9-18)

Ors,A.d': Creditum und Contractus. (ZRG,Rom.Abt.,1957, Bd 74, S.73-91)

Pfaff,V.: Pro posse nostro. Die Ausübung der Kirchengewalt durch Papst Coelestin III. (ZRG,Kan.Abt.,1957, Bd 74, S.89-131)

Rebro, K.: Das Verhältnis der Urbarregelung Maria Theresias zu den Untertanenprivilegien und Kontrakten. (Pr.stúdie, 1957,H.2, S.283-322)

Rjuemja,M.: Die Oktoberrevolution und Finnland.(Mežd.žizn.,1957,H.9, S.51-60)

Schindler,K.H.: Ein Streit zwischen Julian und Celsus. Zum Problem d.überholenden Kausalität. (ZRG,Rom.Abt.,1957, Bd 74,S.201-233)

Schrader,E.: Zum Bergrecht und zum Schatzrecht im Sachsenspiegel I,35. (ZRG,Germ.Abt.,1957, Bd 74,S.178-197)

Sinogowitz,B.: Die Tötungsdelikte im Recht der Ekloge Leons III.des Isauriers. (ZRG,Rom.Abt.,1957, Bd 74, S.316-344)

Sokol'skij,N.I.: Über die Ausarbeitung der Geschichte der antiken Staaten des nördlichen Schwarzmeergebietes.(Vopr.ist.,1957,H.4, S.186-188)

Sozin,I.V.: Die Gründe des Übergangs der Ostslawen von der Urgemeinde zum Feudalismus.(Vopr.ist.,1957,H.6, S.102-114) 3

Steinwenter,A.: Die Briefe des Qu. Aur.Symmachus als Rechtsquelle. (ZRG,Rom.Abt., 1957,Bd 74, S.1-25)

Stengel,E.E.: Die Quaternionen der deutschen Reichsverfassung. (ZRG,Germ.Abt.,1957, Bd 74, S.256-261)

Stern,L.: Die deutsche Sozialdemokratie und die russische Revolution 1905-1907. (Wiss.Ann.,1957,H.9, S.577-592)

Szentirmai,A.: Das Recht der Erzdechanten (Archidiakone) in Ungarn während des Mittelalters. (ZRG,Kan.Abt.,1957, Bd 74, S.132-201)

U Dun-tschi: Aus der Geschichte der Einmischungen der USA in die Angelegenheiten des chinesischen Volkes.(Vopr.ist.,1957, H.8, S.85-100) 6

Uhlirz,M.: Die rechtliche Stellung der Kaiserinwitwe Adelheid im Deutschen und im Italischen Reich.(ZRG,Germ.Abt.,1957, Bd 74, S.85-97)

Unruh,G.C.von: Wargus. Friedlosigkeit und magisch-kultische Vorstellungen bei den Germanen. (ZRG,Germ.Abt.,1957, Bd 74,S.1-40)

Wegener,W.: Bericht über den 11.Deutschen Rechtshistorikertag 1956 in Freiburg i.Br. (ZRG,Germ.Abt.,1957, Bd 74, S.467-470)

Wolff,H.J.: Die Grundlagen des griechischen Vertragsrechts.(ZRG, Rom.Abt.,1957, Bd 74,S.26-72)

Wührer,K.: Zum altschwedischen Eherecht. (ZRG,Germ.Abt.,1957, Bd 74, S.231-233)

6.Völkerrecht und Außenpolitik

Die UNO-Abrüstungsverhandlungen in London.(T.3. 1.-31.Juli 1957) Chronik u.Dokumente. (ddz,1957, H.150, S.41-59)

Ackermann,A.: Der Kampf der Sowjetunion um den Frieden und die gegenwärtigen Abrüstungsverhandlungen in der UNO. (Einh.,1957, H.8,S.1005-1013)

Sowjetwissenschaftler haben das Wort.(Resolution der Versammlung der Wissenschaftler Moskaus (über die Atomgefahr) (N.Zeit. 1957, H.37, S.3-6)

Ein Appell aus Tokio am alle Rechtswissenschaftler und Juristen in der ganzen Welt. (NJ,1957,H.19, S.607)(Atomwaffenverbot.)

Der Leninsche Kurs auf die friedliche Koexistenz - Die Generallinie der Aussenpolitik der Sowjetunion. (Kommunist,1957, H.11, S.3-11)

Aust,H.W.: Die Euratom und die Aufrüstungspläne Westdeutschlands. (Mežd.žizn,1957, H.9, S.80-88)

Aust,H.W.: Die Expansion des westdeutschen Imperialismus. (Arb.,1957, H.8, S.39-43)

Aust,H.W.: Der "Gemeinsame Markt" - eine Gefahr für den internationalen Handel. (Dt.Auss.pol.,1957, H.9, S.749-753)

Baginjan,K.A.: Das Prinzip der Nichteinmischung und die Charta der Vereinten Nationen. (Sov.gos.pravo,1957,H.6, S.62-70; deutsch: RID, 1957,H.18, Sp.527-536)

Barsegov,Ju.G.: Die Achtung der territorialen Unversehrtheit als eines der Prinzipien der friedlichen Koexistenz. (Sov.gos.pravo, 1957, H.9, S.25-31)

Barth,H.: Der kleineuropäische Zollpakt blockiert die Wiedervereinigung. (Dt.Auss.pol.,1957, H.9, S.721-726)

Besymenski,L.: Die internationalen Verbindungen der DDR.(N.Zeit, 1957, H.31, S.5-7)

Bogdanov,O.: Die Meinungsverschiedenheiten sind auf dem Verhandlungswege zu bereinigen.(Mežd.žizn,1957, H.8, S.26-33)

Čepelka,Č.: Die europäische Wirtschaftsgemeinschaft und Euratom. (Pr.,1957, H.7, S.577-593)

Verhandlungen DDR - Demokratische Republik Vietnam (26.Juli 1957). (ddz, 1957,H.149, S.15)

Durdenevskij,V.N.(Durdenjewskij,W.N.):Die Neutralität im System der kollektiven Sicherheit. (Sov.gos.pravo, 1957, H.8, S.81-91)

Egurnov,P.;S.Nikolaev(Jegurnow,P.;S.Nikolajew): Die Atomenergie muß dem Wohl der Menschheit dienen.(Mežd.žizn,1957,H.9,S.61-69)

Über die Schaffung des "Gemeinsamen Marktes"und der Euratom. (Kommunist,1957, H.9,; deutsch: Einh.,1957, H.9, S.1172-1189)

Ziel der Imperialisten - Gesamtdeutschland Mitglied aggressiver Paktsysteme. (Quellenmaterial) (ddz, 1957,H.148, S.84-88) 7

Goršenin,K.F.(Gorschenin,K.F.): Die Tätigkeit der Organe der Interparlamentarischen Union. (Sov.gos.pravo, 1957,H.9, S.76-81)

Härle,E.: Von der Genfer Atomkonferenz zur Weltorganisation für die friedliche Verwendung der Atomenergie.(WZ Jena(GR),1956/57,H.5, S.469-556)

Härle,E.: Die kernphysikalischen Forschungsgemeinschaften und die wissenschaftlichen Vereinigungen zur Entwicklung der Atomenergie in den westeuropäischen Staaten.(Wiss.Ann.,1957,H.9, S.593-609)

Harhammer,L.: Das Konsulargesetz der DDR.(Dt.Auss.pol.,1957,H.9, S.758-761)

Hegler,H.: Die Deutschlandpolitik der Westmächte, besonders der USA, nach dem zweiten Weltkrieg. (Nat.,1957,H.9, S.627-641)

Heymann,S.: Der deutsche Militarismus - Todfeind der Völker Europas. (Bericht über Tagung in Prag vom 17.-18.Juli 1957)(Einh.,1957,H.9, S.1190-1199) 7

Judin,J.: Eine Fehlrechnung nach der anderen. Die USA und die Länder d.Sozialistischen Lagers. (Meżd.żizn,1957, H.7, S.32-43)

Iwanejko,M.: Die Entscheidung des Internationalen Gerichtshofes in Sachen Südwest-Afrikas. (P.i P.,1957, H.4/5,.S.868-878)

Krüger,H.: Günstige Entwicklung der Handelsbeziehungen DDR-Indien. (Ahdl.,1957,H.16/17, S.577-578)

Kurov,A.: Zum Bericht des Fünferausschusses (zur Ungarnfrage). (N.Zeit,1957, H.37, S.11-14)

Lavriščev,A.(Lawrischtschew,A.): Wer vereitelt die Ausführung der Genfer Abkommen über Vietnam? (Mežd.žizn,1957,H.7, S.54-62)

Lebedenko,M.M.: Das Statut des Vereinigten Instituts für Kernforschung. (Sov.gos.pravo,1957,H.2, S.116-118; deutsch: RID,1957,H.18, Sp.556-560)

Die unverbrüchlichen Leninschen Prinzipien der Außenpolitik. (Mežd. žizn, 1957, H.8, S.3-8)

Marinin,M.: Die sowjetisch-amerikanischen Beziehungen früher und jetzt. (N.Zeit, 1957,H.38, S.10-14)

Markowski,P.: Die Bedeutung der Oktoberrevolution für die nationale Befreiungsbewegung der kolonialen und abhängigen Länder.(Einh.,1957, H.9, S.1102-1118)

Karl Liebknecht vor dem Reichsgericht.(Betr.: Militarismus als Gefahr für den Frieden.) (NJ,1957,H.19, S.607) 5

Die Struktur der Organisation der Vereinten Nationen.(ddz,1957, H.150, S.85-94)

Ostmann,H.: Über die Anwendung der Abkommen vom 12.März und 2.Aug. 1957,zwischen der DDR und der UdSSR. (NJ,1957,H.20, S.639-641) 11,13

Peck,J.: Organisationen und Mittel revanchistischer Propaganda in der Bundesrepublik.(Nat.,1957,H.8, S.521-531) 5,7

Reintanz,G.: Zur Rechtsnatur des Luftraums und des kosmischen Weltraums. (NJ,1957,H.16, S.507-509)

Rubanik,K.P.: Die Haager Konvention von 1954 über den Schutz der kulturellen Werte im Falle eines bewaffneten Konflikts.(Sov.gos.pravo, 1957,H.8, S.117-120)

Rubinskij,J.: Die imperialistischen Mächte und die "Eurafrika"-Pläne. (Mezd.zizn, 1957,H.7, S.44-53)

Rühl,H.: Abkommen über die Zusammenarbeit der sozialistischen Staaten auf dem Gebiete der Sozialpolitik. (A.u.S.,1957, H.14, S.443-444) 19

Schnackenburg,L.: Der Preis für Adenauers Ausschließlichkeitsanspruch. (Anerkennung d.Auslandsschulden) (Dt.Auss.pol.,1957, H.9, S.727-736)

Diskussion über die 5.Fassung des Entwurfs des Seegesetzbuches. (P.i P.,1957,H.4/5, S.981) 13

Šekchar,Č.(Schekchar,Tsch.): Die Kaschmirfrage. (Mežd.žizn,1957,H.7, S.63-73)

Šmelev,N.(Schmelew,N.): Griechenland und die "Doktrin Eisenhowers". (Mežd.žizn,1957,H.7, S.112-113)

Sowjetische Partei- und Regierungsdelegation in der DDR. (7.-14.Aug. 1957) (ddz,,1957,H.150, S.1-12)

Šuršalov,V.M.(Schurschalow,W.M.): Über das Objekt des Völkerrechts. (Sov.gos.pravo,1957, H.3, S.53-61; deutsch: RID,1957, H.18,Sp.536-545)

Švecov,V.(Schwezow,W.): Zur Frage der Überprüfung des Statuts der UNO. (Mežd.žizn, 1957, H.7, S.108-110)

Die USA und der arabische Osten(Syrienfrage)(N.Zeit, 1957,H.38, S.4-6)

Uglov,A.: Die australisch-amerikanischen Abkommen.Vom 10.Juni 1957. (Mezd.zizn,1957, H.7, S.113-114)

Volčkov,A.F.;A.I.Poltorak(Woltschkow,A.F.): Die Grundsätze des Nürnberger Urteils und das Völkerrecht.(Sov.gos.pravo, 1957,H.1,S.27-37; deutsch: RID,1957, H.18, Sp.545-556)

Wiewióra,B.: Das Problem der Aufnahme diplomatischer Beziehungen zwischen Polen und der Deutschen Bundesrepublik.(Przegl.Zach.,1957, H.3, S.44-57)

Wulf,H.: Sozialpolitisches Abkommen zwischen der DDR und ČSR. (A.u.S.,1957, H.14, S.444-445) 19

7.Staatsrecht

Bonner Atomrüstungsinteressenten bringen Atomgesetz zu Fall.(Quellenmaterial) (ddz,1957,H.148, S.17-27)

Bertsch,H.: Vor der Entscheidung in Westdeutschland. (Dt.Auss.pol., 1957, H.9, S.716-720)

Böhme,F.: Die Arbeit der Justiz in der Wahlbewegung.(Schöffe,1957, H.8, S.233-235) 11

Braude,I.L.: Fragen der gesetzgebenden Technik.(Sov.gos.pravo,1957, H.8, S.52-59)

Büttner,H.: Bundestagswahlen als Prüfstein für den politischen Reifegrad der Massen. Zu den Septemberwahlen in der Bundesrepublik. (NJ,1957, H.16, S.496-501)

Das Wahlprogramm des Bundes der Deutschen (BdD). (ddz,1957,H.149, S.54-59)

Burda,A.: Verschiedene Fragen der Geschäftsordnung des Sejms in Volkspolen. (P. i P.,1957, H.6, S.1031-1052)

Christoph,K.H.: Der Grundsatz der Öffentlichkeit der Tagungen der örtlichen Volksvertretungen. (Dem.Aufb.,1957,H.17, S.433-434)

Volle Übereinstimmung DDR - UdSSR in der Deutschlandfrage. 27.Vollsitzung der Volkskammer vom 8.Aug.1957.(ddz,1957,H.150,S.13-38) 6

Dornberger,G.: Ein Beispiel für die Methoden des Wahlkampfs in Westdeutschland.(Auszüge aus Stellungnahmen).(NJ,1957,H.16,S.509-510)

Unter der Leitung der Kommunistischen Partei für die weitere Festigung des sozialistischen Sowjetstaates. (Sov.gos.pravo,1957,H.8, S.3-11) 3

Friedrich:Das Wahlprogramm der SPD und der Kampf für eine Wende der Politik in Westdeutschland. (Einh.,1957, H.8, S.938-949)

Gedvilas,M.A.;S.G.Novikov(S.G.Nowikow): Über die Tätigkeit der Kommissionen für Gesetzgebungsvoraussetzungen beim Obersten Sowjet der UdSSR. (Sov.gos.pravo, 1957,H.9, S.12-24)

Gordon,A.: Südafrika, ein ausgebeutetes und elendes Land.(Mežd.žizn, 1957,H.8, S.45-51) 6

Jehle,H.: Die Verfälschung des Wählerwillens durch die Fünf-Prozent-Klausel des Bundeswahlgesetzes.(St R,1957,H.7, S.709-726)

Kohl,M.: Mehrstaatlichkeit Deutschlands und Wiedervereinigung. (H.Krüger,Bundesrepublik Deutschland und Deutsche Demokratische Republik.Hamburg 1956; Rez.) (St R,1957,H.8/9, S.843-852) 6

Kohn,K.: Verfolgte von gestern, Entrechtete von heute.(Dem.u.R.,1957, H.4,S.151-158)

Kröger,H.: Wie lange noch KPD-Verbot? (St R, 1957,H.8/9,S.819-842)

Krüger,U.: Perspektiven des Parlamentarismus in der Bundesrepublik. (St R,1957,H.7, S.677-690) 3

Krupinski,T.;W.Sokolewicz: Mehr Rechte den Nationalräten.(Nowe Drogi, 1957,H.8, S.7-21)

Laco,K.: Die Chinesische Volksrepublik und ihre Verfassung vom Jahr 1954. (Pr.študie,1957,H.2, S.157-200)

Ledjach,I.A.: Der Bundestag der Bundesrepublik Deutschland.(Sov.gos. pravo,1957,H.8, S.92-100)

Li Tschun-tsin:Taiwan, ein unabdingbarer Teil Chinas. (Mežd.žizn, 1957, H.8, S.34-44)

Mamontov,V.(Mamontow,W.): Staatenbund als Weg zur Wiedervereinigung. (N.Zeit. 1957,H.33, S.3-6) 6

Marowski,J.: Über die rechtschöpferischen Befugnisse der Regierung. (N.P.,1957,H.7-8, S.3-18)

Meister,R.: Bonner Grundgesetz und Sozialisierung.(St R, 1957,H.8/9, S.853-867)

Miljukova,V.(Miljukowa,W.): Die Deutsche Demokratische Republik. (Mezd.žizn.,1957,H.9, S.109-115)

Mišunin,P.G.;N.V.Mironov(Mischunin,P.G.;N.W.Mironow): Der juristische Charakter der Akte, die von den Obersten vollziehenden und verfügenden Organen der Staatsgewalt der UdSSR, der Unions-und der Autonomen Republiken herausgegeben werden. (Sov.gos.pravo,1957, H.8, S.22-33)

Polak,K.: Höhere Form der staatlichen Leitung: Vereinfachung des Staatsapparates und Entwicklung der örtlichen Volksvertretungen sind eine Einheit.(Dem.Aufb.,1957, H.16, S.410-412) 9

Riemann,T.: Was fürchtet man in Bonn? (Betr.: Aufblähung des Staatsapparates) (Dem.Aufb.,1957, H.17, S.424-426)

Schulze,G.: Das 32.Plenum und der Weg zur weiteren Stärkung der Arbeiter-und Bauern-Macht.(St R,1957,H.8/9,S.785-800) 9

Žarov,V.(Sharow,W.): Kampf und Aufstieg. (Indonesien)(N.Zeit.1957, H.33,S.16-18)

Suchodrev,V.N.(Suchodrew,W.N.): Die Systematisierung der Gesetzgebung der UdSSR und der Unionsrepubliken - eine Sache von staatlicher Bedeutung.(Sov.gos.pravo, 1957,H.9, S.3-11) 3

Teschner,H.: Eine neue Etappe in der Entwicklung des sowjetischen Staatsapparates.(St R, 1957,H.8/9, S.918-940) 9

Tichomirov,Ju.A.: Einige Fragen der Organisation und der Tätigkeit der Rayonsowjets in den Städten.(Sov.gos.pravo,1957, H.9, S.61-68)

Ulbricht,W.: Zu den Aufgaben der Parteiorganisationen in den staatlichen Organen. (N.Weg,1957,H.15, S.914-927)

Ul'janova,L.P.(Uljanowa,L.P.): Die Reorganisation der Staaten in Indien. (Sov.gos.pravo,1957, H.9, S.122-126) 6

Vostokov,E.S.(Wostokow,E.S.):Über den Staatsaufbau Ägyptens. (Sov.gos.pravo, 1957, H.9, S.82-92)

Die westdeutsche Justiz vor dem englischen Unterhaus.(Dem.u.R., 1957, H.4, S.183-184)

Es gibt einen Weg (Zur Wiedervereinigung Deutschlands).(Dt.Auss. pol.,1957, H.9, S.711-715)

Wittkowski,G.:Der Plan 1958 und die Volksvertretungen.(Dem.Aufb., 1957, H.17, S.415-417) 9

Zakrzewski,W.: Die Frage der Revision der Verfassung.(Mit engl., frz.u.russ.Résumé) (P.i P.,1957, H.4/5, S.717-728)

8.Gerichtsverfassung(einschließlich Staatsanwaltschaft, Justizverwaltung, Notariat u.Anwaltschaft)

Cukierski,K.: Die Schöffen in der Deutschen Demokratischen Republik- ein optimistisches Beispiel. (N.P.,1957,H.7-8, S.137-141)

Derengowski,J.: Beibehalten oder Abschaffen? Für und gegen die Einrichtung der Schöffen. (N.P.,1957, H.7-8, S.132-134)

Dobrzanski,B.: Die Aufsicht des Obersten Gerichts über die Rechtsprechung. N.P.,1957,H.9, S.3-10)

Eberdt,W.: Auch in der Staatsanwaltschaft und Justiz zu neuen Arbeitsmethoden übergehen.(NJ,1957,H.19, S.628-629)

Görner,K.: Öffentliche Berichterstattung der Gerichte vor den örtlichen Organen der Volksmacht.(NJ,1957, H.17, S.529-532)

Grudzinski,M.: Umfang und Methoden der Aufsicht des Justizministeriums über die Gerichte.(N.P.,1957,H.7-8, S.19-31)

Hennig,W.: Erste Sitzung des Beirats für Fragen der Rechtsanwaltschaft. (NJ,1957,H.20, S.659-660)

Kerimov,D.A.: Die Oktoberrevolution und das sowjetische Gericht. 5 (Schöffe,1957, H.10, S.309-315)

Langner,L.: Haben die Richtlinien des Obersten Gerichts rückwirkende Kraft? (NJ,1957,H.19, S.624-625)

Lipczynska,M.: Die Stellung des Ermittlungsreferendars der Staatsanwaltschaft de lege lata und de lege ferenda (frühere Bezeichnung: Unterstaatsanwalt). (N.P.,1957,H.9, S.46-51) 11

Löwenthal,H.: Fünf Jahre GVG - Fünf Jahre StPO.(Schöffe,1957,H.10, S.322-325) 11

Löwenthal,H.: "Prinzipielles" aus Bayern (Kollegialität Richter-Rechtsanwalt) (NJ,1957, H.19, S.622)

Nathan,H.: Verweisung eines Rechtsstreits vom Kreisarbeitsgericht an das Kreisgericht.(NJ,1957,H.16, S.514-516) 16,18

Nazirichter und Staatsanwälte im westdeutschen Justizapparat. (ddz,1957,H.150, S.81-84)

Das 32.Plenum des Zentralkomitees der SED.(Auswertung für Justiz) (NJ,1957, H.16, S.493-496) 7

Vorschläge zur Änderung der Schiedsmannsordnung. (Schöffe,1957, H.9, S.276-286;H.10, S.326-331) 11,13

Die Schöffenwahlen 1958 - Wahlen des Volkes.(Schöffe,1957,H.10, S.297-301)

Auftakt zu den Schöffenwahlen 1958. (NJ,1957,H.20, S.637-638)

Serafin,K.: Die Frage der Schöffen kritisch betrachtet.(N.P.,1957, H.7-8, S.134-137)

Smirnov,L.N.: Die neue Verordnung über das Oberste Gericht der UdSSR und sein erstes Plenum.(Sov.gos.pravo,1957,H.7, S.22-31; deutsch: RID,1957,H.20, Sp.605-615)

Spranger,M.: Das 32.Plenum des ZK der SED und die Arbeit der Justiz. (Schöffe,1957, H.9, S.265-267)

Die sozialistische Konzeption von der Staatsanwaltschaft und ihre Rolle bei der Festigung des Arbeiter-und-Bauern-Staates.(NJ,1957, H.20, S.642-643)

9.Verwaltungsrecht und Allgemeine Aufsicht des Staatsanwalts

Chalfina,R.O.: Die Reorganisation der Leitung der Industrie und die vertraglichen Beziehungen zwischen sozialistischen Organisationen. (Sov.gos.pravo,1957,H.5, S.34-39; deutsch: RID,1957, H.16, S.490-496)

Cingr,E.;L.Stašák: Die Wasserwirtschaft in Wechselbeziehung mit dem Bergbauwesen - rechtliche Regelung.(Pr.,1957,H.7, S.639-645)

Friedrich,G.: Probleme der staatlichen Leitung unserer Industrie. (Einh.,1957,H.9, S.1134-1140)

Gapoškin,F.G.(Gaposchkin,F.G.): Über die Umgestaltung der Planung der Volkswirtschaft in der UdSSR. (Sov.gos.pravo,1957,H.5, S.28-33; deutsch: RID,1957,H.16, S.483-489)

Hromada,G.: Einige Fragen der Dezentralisierung.(Pr.štúdie,1957,H.2, S.268-282)

Keck,A.: Zu den grundsätzlichen Fragen der Zusammenarbeit zwischen der Plankommission bei den örtlichen Räten und Finanzorganen. (DFW,1957, H.17,S.259-264;H.18,S.278-280)

Kotok,V.F.;A.V.Lucin;M.J.Piskotin(A.W.Luzin.): Organisatorisch-rechtliche Fragen der weiteren Vervollkommnung der Leitung der Industrie und des Bauwesens.(Sov.gos.pravo,1957,H.5, S.12-18; deutsch: RID,1957,H.16,S.467-474)

Lang,W.;A.Delorme: Fragen der sogen.Ermessensentscheidung im Zusammenhang mit der beabsichtigten Einführung der gerichtlichen Kontrolle der Verwaltung.(Mit engl.,frz.u.russ.Résumé)(P.i P.,1957,H.4/5, S. 729-751)

Laptev,V.V.(Laptew,W.W.): Rechtsfragen im Zusammenhang mit der Vervollkommnung der Leitung der Volkswirtschaft.(Sov.gos.pravo,1957, H.5, S.19-27; deutsch: RID,1957,H.16, S.474-483)

Die 3.Durchführungsbestimmung zur Verordnung über die Lenkung des Wohnraumes. (A.u.S.,1957,H.17, S.521-523) 13

Moldovan,R.: Über den demokratischen Zentralismus und die planmäßige Leitung der Volkswirtschaft. (Probl.econ.,1957,H.6, S.138-146) 7

Naumann,M.: Verbesserung der Zusammenarbeit zwischen MTS und LPG durch die Organe der Staatsmacht in den Gemeinden.(Dem.Aufb.,1957, H.18, S.451-453) 16

Wir diskutieren über das neue Polizeigesetz T.4.5.(Vpol.,1957,H.16, S.23;H.17,S.20) 11

Rybicki,Z.: Aus der verwaltungsrechtlichen Problematik der Arbeiterräte. (P.i P.,1957, H.6, S.1085-1106)

Schüsseler,R.: Der Charakter und die Bedeutung der Verwaltungsstrafen im Recht der Deutschen Demokratischen Republik.(Soc.pravo,1957,H.6, S.57-68)

Starościak, J.: Die gerichtliche Kontrolle im System der Maßnahmen zur Sicherung der Gesetzlichkeit der Verwaltungstätigkeit.(P.i P., 1957, H.6, S.1069-1084)

Szawlowski,R.: Angesichts der neuen Reform des Apparats der staatlichen Kontrolle in Polen.(P.i P.,1957,H.4/5, S.752-769)

Törber,W.;W.Müller: Welche rechtlichen Befugnisse hat der Schutzaufsichtshelfer gegenüber einer volljährigen Person, für die nach dem Jugendgerichtsgesetz die Schutzaufsicht angeordnet ist?(Jug.Heimerz., 1957,H.9, S.392-396) 11

Worch,G.;Hossinger: Das Verwaltungsrecht der Deutschen Demokratischen Republik. Hrsg.von K.Bönninger. Berlin 1957.(Rez.)(Dem.Aufb.,1957, H.17, S.432-436)

10.Finanzrecht

Gieseler,H.: Die Kreditierung und Kontrolle der volkseigenen Güter. (DFW,1957,H.15, Ausg."Geld und Kredit"/Versicherung. S.454-455)

Pawlowicz,J.: Anomalien der Einkommensteuer aus dem Grundstücksverkauf.(N.P.,1957,H.9, S.106-109) 13

Rumpf,W.: Die Verbesserung der Arbeitsweise der Finanzorgane auf der Grundlage der Thesen der 32.Tagung des ZK der SED.(DFW,1957,H.16, S.241-244)

Trebuth,R.: Das mehrseitige Clearing zwischen den sozialistischen Staaten. (Ahdl.,1957, H.18, S.652-653)

Trebuth,R.: Das zweiseitige Clearing mit den sozialistischen Staaten. (Ahdl.,1957,H.16/17, S.606-607)

Watzek,H.;J.Leschik: Fragen der Kreditplanung und Kreditabrechnung in den MTS.(DFW,1957,H.15,Ausg."Geld und Kredit/Versicherung" S.456-457)

Weckend,H.: Die Rechtswirkungen ungesetzlicher Preisabreden.(NJ, 1957, H.17, S.535-537; H.18, S.575-580) 11

11.Strafrecht, Strafprozeß

Agenten des USA-Geheimdienstes entlarvt. (Aus dem Urteil des Obersten Gerichts vom 20.Sept,1957 - 1 Zst (I) 3/57)(NJ,1957,H.19, S.608-614)

Andreev,M.V.(Andrejew,M.W.): Die Befugnisse des Kassationsgerichts in bezug auf Entscheidungen der erstinstanzlichen Gerichte.(Sov.gos. pravo, 1957,H.9, S.127-128) 18

Andrejew,I.: Einige Bemerkungen über den Inhalt des Art.384 Pkt.2 StPO auf Grund der Entscheidungen des Obersten Gerichts.(N.P.,1957, H.9, S.39-45)

Ergebnisse der Diskussion über die Anwendung der StPO. (NJ,1957, H.19, S.601-606)

Berg,W.: Aufklärungsarbeit über die schädliche Wirkung von Schundliteratur. (NJ,1957,H.17, S.542)

Boračev,K.(Boratschew,K.): Über die Verbesserung der Qualität der Revisionsunterlagen bei der Abrechnung im Hinblick auf die strafrechtliche Verantwortlichkeit.(Soc.pravo, 1957,H.6, S.31-37)

Buchala,K.: Die Grundlagen der Anwendung der Untersuchungshaft im Gesetz und in der Praxis. (N.P.,1957, H.7-8, S.52-69)

Drechsel,H.: Lottobetrugsversuche sind gesellschaftsgefährliche Handlungen.(Vpol.,1957,H.18, S.17-18)

Dummer,I.: Probleme der Jugenderziehung. (NJ,1957,H.17, S.540-542)

Fräbel,A.:Änderung von Erziehungsmaßnahmen gemäß § 16 JGG.(NJ,1957, H.18, S.570-572)

Gimbut,A.: Ein Beitrag zur Problematik des Verbrechens der Beteiligung an einer Schlägerei.(Art.240 StGB)(P.i P.,1957,H.6, S.1171-1184)

Gol'st,G.R.(Golst,G.R.): Die Hauptaufgabe der Untersuchung im sowjetischen Strafprozeß.(Sov.gos.pravo, 1957, H.8, S.70-80)

Gutekunst,W.: Aus der Problematik der Rückfallsdelikte in Volkspolen. (N.P.,1957,H.7-8, S.151-156)

Halász,Z.: Der Kampf gegen die Jugendkriminalität in Ungarn.(NJ, 1957, H.17, S.538-540)

Harrland,H.: Aufschlußreiche Kriminalitätsziffern. (Schöffe,1957, H.8, S.258-259)

Heinze,G.: Sorgfältige Anzeigenaufnahme - guter Ausgangspunkt für das Ermittlungsverfahren.(Vpol.,1957,H.15, S.15-16) 12

Herrmann,R.: Das Parteiprinzip im Strafprozeß der DDR.(NJ,1957,H.16, S.512-513)

Huggele,H.: Unter welchen Voraussetzungen sind leitende Mitarbeiter volkseigener Betriebe als Angestellte oder Helfer einer Dienststelle der Wirtschaftsverwaltung auzusehen? (NJ,1957,H.16,S.510-512) 9

Jasinska,M.: Das Problem der Jugendprostitution auf Grund örtlicher Untersuchungen. (P.i P.,1957, H.4/5, S.855-867)

Kempisty,H.: Und dennoch steht ihnen das Recht der Stellung von Fragen zu! (Betr.: Ergänzungsrichter bei Verhandlungen von längerer Dauer).(N.P., 1957,H.9, S.95-98)

Kirov,D.: Einige Fragen in Verbindung mit dem Verbrechen nach Art. 153 des Strafgesetzbuches.(Soc.pravo,1957, H.6, S.52-56)

Kleine,H.: Die Abgrenzung des Normalfalls vom minderschweren Fall bei Waffendelikten.(NJ, 1957, H.19, S.617-619)

Verbrechen dürfen nicht unbestraft bleiben.(Korruption,Spekulation u.a.Wirtschaftsdelikte)(Nowe Drogi, 1957, H.9, S.3-11)

Korzan,K.;H.Rajzman:Über die Zustellung von Abschriften verwaltungsstrafrechtlicher Entscheidungen anstelle von Anklageschriften an die Angeklagten.(N.P.,1957,H.9, S.99-101)

Koźlinski,J.;J.Milewski: Das Bestechungswesen existiert in der Dunkelheit.(N.P.,1957,H.9, S.113-115)

Krause,L.: Die Neugestaltung des Steuerstrafrechtes.(DFW,1957,H.18, Ausg."Staatshaushalt". S.548-550) 10

Krutzsch,W.: Gedanken zum beschleunigten Verfahren.(NJ,1957,H.19, S.623-624)

Kubec,Zb.: Die Schlägerei. (N.P.,1957, H.7-8, S.109-120)

Kudrjavcev,V.N.(Kudrjawzew,W.N.): Die Art der Begehung des Verbrechens und dessen strafrechtliche Bedeutung.(Sov.gos.pravo,1957,H.8, S.60-69)

Kuznecova,N.F.(Kusnezowa,N.F.): Über die Qualifizierung des Raubüberfalls.(Sov.gos.pravo, 1957,H.9, S.109-113)

Lauterbach,H.O.: Pressefreiheit in Westdeutschland - Phrase und Wirklichkeit. (Forum,Wiss.Beil.,1957,H.17, S.3-16) 7

Lernell,L.: Die Frage der Rückfälligkeit auf Grund der Kriminalitätsstatistik für die Jahre von 1953-1955.(N.P.,1957, H.9,S.19-38)

Luther,H.:Zum Artikel von Karl Marx "Debatten über das Holzdiebstahlgesetz".(Dem.u.R.,1957,H.4, S.170-177)

Modlinski,E.: Verschiedene Fragen der strafrechtlichen Verantwortlichkeit auf dem Gebiete des Arbeitsschutzes.(P.i P.,1957,H.4/5, S.770-788) 19

Mühlberger,F.;K.Haseneyer: Gedanken zum beschleunigten Verfahren. (NJ, 1957,H.18, S.582-584)

Müller,W.: Läßt § 16 JGG eine "Änderung von Erziehungsmaßnahmen" zu? (Jug.Heimerz.,1957,H.8, S.337-345)

Nast,M.: Imperialistische Tatbestandslehren und einige Formen ihres Eindringens in die sozialistische Strafrechtswissenschaft.(St R,1957, H.8/9, S.900-917)

Noack,J.: Die Abgrenzung der tatsächlichen Feststellungen von der rechtlichen Würdigung in den Urteilsgründen.(NJ,1957,H.16, S.501-503)

Pawela,St.: Verschiedene Bemerkungen über Entscheidungen nach Art. 10 des Antialkoholgesetzes. (N.P.,1957,H.9, S.71-80)

Piontkowski,A.A.: Zur Theorie der Beweise im Strafprozeß.(St R,1957, H.8/9, S.884-899)

Roščin,V.N.(Roschtschin,W.N.): Die prozessuale Stellung des Verdächtigten im sowjetischen Strafprozeß.(Sov.gos.pravo, 1957,H.9,S.69-75)

Schneider,H.: Der Kampf gegen die Jugendkriminalität muß aktiver werden! (NJ,1957, H.20, S.661-662)

Schüsseler,R.: Weitere Bemerkungen zum materiellen Übertretungsbegriff und zum Begriff der Gesellschaftsgefährlichkeit.(NJ,1957,H.18, S.566-569)

Schulz,G.: Alkohol und Kriminalität. (Schöffe,1957, H.9, S.286-289)

Schulze,W.: Bemerkungen zum beschleunigten Verfahren.(NJ,1957,H.17, S.543-547)

Schutz von Leben und Gesundheit der Bürger der DDR. (Schöffe,1957, H.8, S.238-245) 13

Sliwowski,J.: Die neuen Bestimmungen über die bedingte Haftentlassung. (N.P.,1957,H.7-8, S.82-95)

Streit,J.: Mängel in der Arbeit müssen bis auf ihre ideologische Wurzel geklärt werden. (NJ,1957, H.19, S.615-617) 2,3

Szerer,M.: Nach den einleitenden Arbeiten am Strafgesetzbuch. (N.P.,1957,H.7-8, S.96-100)

Szwedek,E.: Der strafrechtliche Aspekt der Pflichtablieferungen. (P.i P.,1957,H.4/5, S.879-889) 9

Tonev,T.C.(Tonew,T.Z.): Zur Anlage der Art.139 und 152 der Strafprozeßordnung. (Soc.pravo,1957, H.6, S.38-44)

Vasilev,N.(Wasilew,N.): Der Diebstahl, der von einer organisierten Gruppe ausgeführt wurde, Art.183, Bd 4, Republ Artikel 1o4 al II. Bd 5 des Strafgesetzbuches. (Soc.pravo,1957, H.6, S.7-18)

"Ich habe das Verfahren eingestellt". Westberliner Staatsanwalt deckt die Verbrechen der "Freiheitlichen Juristen".(Dem.u.R.,1957, H.4, S.184-186)

Weiss,A.: Zur Aufklärung von versuchten Delikten.(NJ,1957,H.19, 628)

Wolter,W.: Aus der Problematik der Verantwortlichkeit für Unterlassungsdelikte.(P.i P.,1957,H.6, S.1107-1122)

Zabrodzka,H.: Die Kriminalität der in den Jahren 1954 und 1955 gerichtlich bestraften weiblichen Minderjährigen unter Berücksichtigung der Akten des Jugendgerichts Warschau.(N.P.,1957,H.9, S.62-70)

12.Kriminalistik,Gerichtliche Medizin, Gerichtspsychiatrie-,psychologie

Anton,A.: Die Indikation zur psychiatrischen Begutachtung im Strafprozeß. (Dem.u.R.,1957,H.4, S.158-170) 11

Schmidl,W.: Einige Forderungen zur Vernehmung von Minderjährigen bei Sexualdelikten.(Jug.Heimerz.,1957,H.8, S.349-351)

Schneider,E.: Die Straftatenvergleichskartei - ein Hilfsmittel der Kriminalpolizei bei der Verbrechensbekämpfung.(Vpol.,1957, H.17, S.12-13)

12.Zivilrecht

Artzt,W.: Das westdeutsche Gleichberechtigungsgesetz ein großer Schritt zurück.(NJ, 1957,H.20, S.651-657) 7

Baru,M.I.: Der Übergang des Eigentumsrechtes bei der Vergenossenschaftung des Betriebes.(Sov.gos.pravo,1957,H.8, S.111-114) 16

Buch,H.;R.Oehmcke;G.Schreier: Der Vertrag zur Übernahme eines Wohnhauses in persönliche Pflege und Verwaltung durch die Hausgemeinschaft. (NJ,1957, H.17,S.532-534)

Čeburachin,G.T.(Tscheburachin,G.T.): Die Praxis der Anwendung der Gesetzgebung der UdSSR auf die zivile Rechtsfähigkeit der Ausländer. (Sov.gos.pravo,1957,H.8, S.114-117)

Cyrański,E.: Die Entscheidung auf Wohnungsräumung und deren Vollstreckung.(N.P.,1957, H.7-8, S.165-168) 18

Dornberger,G.: Die Garantie beim Einzelhandelskaufvertrag.(St R,1957, H.7, S.738-751)

Eliáš,J.: V.Knapp, Die Erfüllung von Schuldverhältnissen und andere Arten ihres Erlöschens. Prag 1955.(Rez.) (St R, 1957,H.7, S.772-783)

Die "Entflechtung" der Ufa - rechtliche Grundlagen und praktische Durchführung. Die Neuformierung d.Konzerns u.ihre Auswirkung auf d. zunehmende Konzentration in d.westdeutschen Filmwirtschaft. (Ber.Dt.Wirtsch.Inst.,1957, H.15, S.8-12)

Horvath,P.: Die rechtliche Regelung der kapitalistischen Monopole unter bes.Berücks.der Rechtsentwicklung in Ungarn.(Pr.štúdie,1957, H.2, S.323-339)

Kühlig,G.: In Sachen Norbert Wollheim gegen IG Farben(Schadensersatz u.Schmerzensgeld aus Verbrechen gegen die Menschlichkeit) (Dem.u.R.,1957,H.4, S.140-151) 6,11

Liecke,U.: Nochmals: Zur Frage des gutgläubigen Erwerbs von Volkseigentum bei Gebrauchsgegenständen.(NJ,1957, H.17,S.547-551)

Luby,St.: Das System und die Grundthesen der zivilrechtlichen Verantwortung. (Pr.študie,1957, H.2, S.200-230)

Lusche,E.: Kritik an Formularmietverträgen der Grundstücksverwaltungen. (NJ,1957,H.18, S.580-582)

Mollnau,K.A.: Bemerkungen zur katholischen Eigentumslehre.(Arb.,1957, H.9, S.32-34)

Müller,G.: Besteht eine Verpflichtung zur Arbeit im Sinne der Schadensminderung gem.§ 254 Abs.2 BGB? (NJ,1957,H.17, S.551-552)

Piekarski,M.: Das Entgelt des suspendierten, abberufenen oder aus dem Vorstand entlassenen Genossenschafters. (N.P.,1957,H.7-8, S.101-108)

Pruša,O.: Das gesellschaftliche Eigentum des Volkes ist in jeder Weise zu schützen.(Nová mysl,1957,H.8, S.730-739) 2

Rhode,G.: Zur Herausgabe von gestohlenen und unterschlagenen Gegenständen durch die städtischen Pfandleihanstalten.(NJ,1957,H.20, S.650-651)

Schnittke,H.: Kommanditgesellschaften in der DDR. (N.Zeit,1957,H.38, S.24-27)

Skapski,J.: Zivilrechtliche Fragen des Wohnraumrechts.(N.P.,1957, H.7-8, S.32-51)

Spišiak,J.: Der Erfüllungsort bei den zwischenörtlichen Lieferungen. (Pr.studie,1957,H.2, S.231-252)

Steinberg,E.: Volkskapitalismus ist Volksbetrug.(ArbR.,1957,H.8, S.197-199)

Szpunar,A.: Die geldliche Wiedergutmachung des immateriellen Schadens. (P.i P.,1957,H.6, S.1209-1214)

Thienel, W.: Zur Aufrechenbarkeit des Mietzinses gem.§ 28 MSchG. (NJ,1957, H.17, S.552)

Wawilowa,M.;A.Stelmachowski:Über angebliche "Strömungen" in der Rechtsprechung des Obersten Gerichts (zum Artikel von J.Marowski u. J.Szczerski über die Staatshaftung).(N.P.,1957,H.9,S.85-91) 2

14.Urheber-und Erfinderrecht

Irrling,H.J.: Prüfung der Unterscheidungskraft bei Warenzeichenanmeldungen.(EuV, 1957,H.16, S.377-378)

Pilawski,B.: Bemerkungen über die Rolle der Gerichtsbarkeit auf dem Gebiete des Arbeitererfinderwesens.(P.i P.,1957,H.4/5, S.899-906)

Rumjanzew,G.I.: Zur Definition des Begriffs "Erfindung".(EuV,1957, H.18, S.422-424)

Schneider,R.: Probleme des gewerblichen Rechtsschutzwesens als Lehrfach an technischen und ökonomischen Hoch-und Fachschulen.(EuV,1957, H.17, S.397-398)

Zelma,C.: Unterlassungen in Warenzeichensachen durch Betriebsleiter führen zu volkswirtschaftlichen Schäden.(EuV,1957,H.17,S.400-402)

15.Vertragssystem,Vertragsgerichtliches Verfahren

Buczkowski,St.: Der Liefervertrag im polnischen Rechtssystem.(Mit engl.,frz.u.russ.Résumé) (P.i P.,1957,H.4/5, S.789-801)

Doláková,M.: Einige theoretische Fragen der Neuregelung der Bau-Wirtschaftsverträge. (Pr.,1957,H.7, S.593-606)

Emel'janov,P.V.;V.S.Kudrjavcev(Jemeljanow,P.W.;W.S.Kudrjawzew): Die Verantwortlichkeit für die Erfüllung der Verpflichtungen bei Produktionslieferungen muß verstärkt werden.(Sov.gos.pravo, 1957,H.9, S.32-41)

Görner,G.: Die Bedeutung des Bauhauptvertrages.(St R,1957,H.7,S.752-771) 13

Hemmerling: Diskussion über den Entwurf des Vertragsgesetzes. (Vertr.Syst.,1957, H.2, S.18-19)

Heuer,K.: Das künftige Vertragsgesetz. Bericht über eine Tagung der Abt.Zivilrecht des DIR am 17.Mai 1957.(St R,1957,H.8/9,S.950-956)

Klinger,G.: Bemerkungen zur Wahrung von verfahrensrechtlichen Fristen.(Vertr.Syst.,1957,H.2, S.14-16)

Müller,K.: Zu den Lieferbeziehungen im volkseigenen Binnenhandel. (Vertr.Syst.,1957,H.2, S.8-13)

Pflicke,G.: Materielle Interessierung und materielle Verantwortlichkeit.(Vertr.Syst.,1957, H.2, S.1-8) 19

Tyczka,M.: Die Dezentralisierung und die Wirtschaftsarbitrage. (P. i P.,1957,H.6, S.1143-1152)

16.LPG-Recht, Bodenrecht

Heuer,K.: Die Weiterentwicklung des LPG-Rechts - eine Aufgabe von Wissenschaft und Praxis, Zum Erscheinen der "Beiträge zum Recht der Landwirtschaftlichen Produktionsgenossenschaften" Berlin 1957.(Rez.) (NJ,1957,H.18, S.572-575)

Nesterov,A.M.: Einige Fragen der rechtlichen Stellung der MTS. (Sov.gos.pravo,1957,H.8, S.34-41)

Tadžer,E.T.(Tadshjer,E.T.): Das vom TKZS erlassene Statut und die Quelle des objektiven Rechts.(Soc.pravo,1957,H.6, S.19-30)

Volkov,A.I.(Wolkow,A.I.): Rechtliche Fragen der landwirtschaftlichen Umsiedlung in der UdSSR.(Sov.gos.pravo,1957,H.9, S.42-49) 9

17.Familienrecht

Barth,G.;I.Märtz:Namenserteilung gemäß § 1706 BGB.(Jug.Heimerz., 1957,H.8, S.351-354) 13

Dillhöfer,G.: § 1822 BGB - eine Nebenbestimmung i.S.des § 1 Ehe VerfO? (NJ,1957, H.17, S.553-554) 18

Kozaczka,A.: Mängel der Zustimmungserklärung im Sinne des Art.1 des Familiengesetzes und die Nichtigkeit der Ehe.(N.P.,1957,H.9,S.52-61)

Püschel,H.: Die Zulässigkeit der Klagerücknahme in Ehescheidungssachen.(NJ,1957,H.20, S.645-649) 18

Radvanova,S.: Änderungen des Familienrechts der ČSR.(Bulletin de droit tchécoslovaque,1956,H.3/4, S.318; deutsch: NJ,1957,H.20, S. 643-645)

Steuer,K.: Sorgerechtsübertragung auf einen Dritten muß wieder möglich sein! (Jug.Heimerz.,1957,H.9, S.389-391) 9

Valentin,M.: Die Praxis der Gerichte in der Rumänischen Volksrepublik in Familienangelegenheiten.(Sov.gos.pravo,1957,H.8,S.120-123)

18.Zivilprozeß(einschließlich Familienrechtliches Verfahren)

Beyer,K.H.;H.G.Cheim: Das Lehrbuch des Zivilprozeßrechts der DDR. (Bd 1,Gesamtred.H.Nathan. Berlin 1957; Rez.)NJ,1957,H.16,S.503-506)

Broniewicz,W.: Fragen der Anerkenntnis im polnischen Zivilprozess. P.i P.,1957,H.4/5,S.840-854)

Broniewicz,W.: Die Klageanerkennung im polnischen Zivilrecht auf Grund des Art.218 § 2 ZPO.(N.P.,1957,H.7/8, S.70-81)

Fischer,U.: Zum Gesetzentwurf über die Abschaffung des Offenbarungseides und der zivilprozessualen Haft.(NJ,1957,H.19, S.625-627)

Judelson,K.S.: Zur Frage der Grundsatzbestimmungen für die Zivilprozeßgesetzgebung.(Sov.gos.pravo,1957,H.6,S.80-90; deutsch: RID,1957, H.20, Sp.593-605)

Kleniewski,W.: Eingaben und Beschwerden und das Zivil-und Strafverfahren. (N.P.,1957, H.7-8, S.121-131) 11

Lippmann,H.;H.Nathan: Vollstreckbarkeit einstweiliger Anordnungen. (NJ,1957,H.17, S.552-553)

Schott,M.: Einige Fragen der Einstellung gem.§ 16 Abs.3 EheVerfO. NJ,1957,H.18, S.587-588) 17

Siedlecki,W.: Das Problem der Anfechtung gerichtlicher Entscheidungen in der Zivilprozeßordnung der Volksrepublik Polen.(P.i P.,1957, H.6, S.1123-1142)

Stajgr,F.: Der Schutz des sozialistischen Eigentums durch das Zivilprozeßrecht.(Pr.,1957,H.3, S.197-205; deutsch:RID,1957,H.20,Sp.615-624) 13

Straube,W.;G.Feiler: Kassation der Entscheidungsgründe im Zivilprozeß. (NJ,1957,H.18, S.584-587)

19.Arbeitsrecht und Arbeitsrechtliches Verfahren

Aleksandrov,N.G.(Alexandrow,N.G.): Theoretische Fragen der Kodifikation der Arbeitsgesetzgebung der Unionsrepubliken.(Sov.gos.pravo, 1957,H.4, S.20-31; deutsch:RID,1957, H.17, S.497-510)

Baglaj,M.V.: Die Einschränkung des Rechts auf den Streik in den USA. (Sov.gos.pravo,1957,H.8, S.101-110)

Brauer,H.: Bedarf es bei einer Kündigung wegen Strukturveränderung und ähnlicher Gründe der Angabe weiterer Gründe?(ArbR.,1957,H.8, S.205-206)

Czarnecki,R.: Fehlbestände und Überbestände in der gerichtlichen Praxis.(N.P.,1957,H.9, S.11-18) 13

Fragen der Entlohnung bei Ausübung einer Abgeordnetenfunktion.(A.u.S., 1957, H.16, S.504-505)

Flemming,M.: Macht Schluß mit der Unterschätzung des § 4 der VO zum Schutze der Arbeitskraft.(A.u.S.,1957,H.16, S.497-498)

Heinig; H.Paul: Besteht für den Lohnausgleich eine Bindung des Betriebes an die Entscheidung der Sozialversicherung? (Diskussionsbeitrag m.Anm.) (A.u.S.,1957,H.15, S.472-475)

Heinrich,G.;H.Wulf: Das neue westdeutsche Knappschaftsrentengesetz. (A.u.S.,1957,H.13, S.412-415)

Kakol,K.: Diskussion über die Grundfragen des Arbeitsrechts.(P.i P., 1957,H.4/5, S.974-978)

Kaschel,E.;I.Noack: Zu einigen Fragen der neuen Prämienverordnung. (ArbR.,1957,H.8, S.199-203)

Klotz,J.: Vom Tarifvertrag zum Betriebskollektivvertrag.(A.u.S.,1957, H.12, S.375-377)

Zum Entwurf einer neuen Konfliktkommissionsverordnung. (Mit Thesen) (A.u.S.,1957,H.14,S.435-436; H.15,S.469-472; H.16,S.501-502)

Kop'ev,S.I.(Kopjew,S.I.): Einige Fragen der rechtlichen Regelung der Arbeit der Arbeiter und Angestellten in den Maschinen-Traktoren-Stationen.(Sov.gos.pravo,1957,H.1,S.83-90; deutsch:RID,1957,H.17,S.518-526)

Kowollik,B.: Über die Zulässigkeit und die Form des Aufhebungsvertrages.(ArbR.,1957,H.9, S.233-236)

Kühlig,G.: Nochmals zum Jugendarbeitsschutz. (Notwendige Bemerkungen zu einem Artikel von Theek).(NJ,1957, H.19, S.619-622)

Kunz,F.: Die Arbeitsordnung des sozialistischen Betriebes ist ein auf der Mitarbeit der gesamten Belegschaft beruhender kollektiver Vertrag.(A.u.S.,1957,H.17, S.533-534; H.18, S.568-571)

Kunz,F.: Arbeitszeitverkürzung und sozialistische Arbeitsdisziplin. (Arb.,1957,H.8 (Beil.),S.1-5)

Kunz,F.: Zur Entlohnung der Werktätigen bei Ausschuß, Qualitätsminderung und Nacharbeit.(ArbR.,1957,H.9, S.226-231)

Kunz,T.: Was gilt es an der Konfliktkommissionsverordnung zu verändern? (A.u.S.,1957,H.16, S.502-504)

Lehmann,G.: Probleme unseres Lohn- und Prämiensystems. (Einh.,1957, H.8, S.950-959)

Makarova,N.P.(Makarowa,N.P.): Die neue Verordnung über das Verfahren der Verhandlung in Arbeitsstreitigkeiten in der Gerichtspraxis. (Sov.gos.pravo,1957,H.9, S.105-108)

Tagung des Deutschen Instituts für Rechtswissenschaft (Materielle Verantwortlichkeit).(A.u.S.,1957,H.12,S.377-378)

Mennicke,K.: Der Gegenstand des Arbeitsrechts der Deutschen Demokratischen Republik.(ArbR.,1957,H.8, S.210-211)

Mydlík,A.: Die privaten Arbeitshindernisse.(Pr.štúdie, 1957,H.2, S.253-267)

Das Wesen der Rechtsverhältnisse und der Ernennung der Staatsfunktionäre in der Deutschen Demokratischen Republik.(A.u.S.,1957,H.17, S.536-538) 9

Salwa,Z.: Die materielle Verantwortlichkeit des Beschäftigten. (P.i P.,1957,H.4/5, S.890-898) 13

Schneider,E.u.a.: Zur Zulässigkeit eines zweiten Arbeitsrechtsverhältnisses.(ArbR.,1957,H.9, S.243-244)

Schneider,R.: Die Arbeitsgesetzgebung der Deutschen Demokratischen Republik,2.Quartal 1957.(ArbR.,1957,H.8,S.206-208;H.9,S.236-237)

Schneider,R.: Tagung des Deutschen Instituts für Rechtswissenschaft in Berlin.(Disk.Beitr.betr.mat.Verantwortlichkeit)(A.u.S.,1957,H.17, S.535-536) 13

Tomeš,I.: Die juristischen Folgen des Mißbrauchs der Vorteile der Krankenversicherung der Beschäftigten.(Pr.,1957,H.7, S.645-648)

Voronkov,J.(Woronkow,J.): Die Rolle der Arbeitsorgane muß erhöht werden.(Betr.:Abt.Arbeit u.Löhne in den Betrieben)(A.u.S.,1957,H.15, S.450-452)

Weiss,A.: Der Gegenstand des Sozialversicherungsrechts und der Sozialversicherung in der Deutschen Demokratischen Republik.(ArbR.,1957, H.9, S.238-239)

Wiehle,F.: Die falsche Auffassung des "Selbstverschuldens" der Arbeiter bei Unfällen muß überwunden werden. (A.u.S.,H.17, S.525-527)

Wiese,F.: Die Mitarbeit der Schöffen bei den Arbeitsgerichten. (ArbR.,1957,H.9, S.231-233) 8

20.Internationales Privatrecht

Bolintineanu,A.: T.R.Popescu, Einige juristische Probleme der internationalen Handelsbeziehungen der Volksrepublik Rumänien. Bukarest 1955.(Rez.)(St R,1957,H.8/9, S.964-968)

Kosík,V.: Die Verbindlichkeiten aus der Durchführung des Aussenhandels. (Pr.,1957, H.7,S.606-621)

Ramzajcev,D.F.(Ramsajzew,D.F.): Die Fragen des internationalen Privatrechts in der Praxis der Außenhandelsarbitragekommissionen. (Sov.gos.pravo,1957, H.9,S.50-60)

21.Sonstiges

Arlt,R.: Prof.Dr.Heinz Such - Träger des Nationalpreises 1957. (NJ,1957,H.20.S.638)

Malza,K.;F.Petru;J.Sluga: Die staatliche Dokumentation der tschechoslowakischen Rechtsnormen.(St R,1957,H.8/9,S.957-963)

B. BIBLIOGRAPHIE AUS ZEITSCHRIFTEN DER DEUTSCHEN BUNDESREPUBLIK

Diese Bibliographie enthält eine Auswahl einschlägiger Artikel aus folgenden Zeitschriften: 1)

AcP	= Archiv für die civilistische Praxis, Tübingen	1957,Bd 156,H.5
AG	= Der Arbeitgeber, Düsseldorf	1957,H.10-17
ArbuR	= Arbeit und Recht, Köln	1957,H.7-8
ARSP	= Archiv für Rechts-und Sozialphilosophie, Meisenheim/Glan	1957,Bd 43,H.3
ASP	= Arbeit und Sozialpolitik,Frankfurt/M., Bonn	1957,H.6-8
AUSS.POL.	= Außenpolitik, Stuttgart	1957,H.8
AVö	= Archiv des Völkerrechts, Tübingen	1957,Bd 6,H.3
B	= Der Betrieb, Düsseldorf	1957,H.28-35
BB	= Der Betriebs-Berater, Heidelberg	1957,H.18-24
Betr.Verf.	= Die Betriebsverfassung, Frankfurt/M. .	1957,H.1-6
DJ	= Die Justiz, Düsseldorf	1957,H.2-3
DÖV	= Die Öffentliche Verwaltung, Stuttgart	1957,H.16-19
DRiZ	= Deutsche Richterzeitung, Köln,Berlin .	1957,H.6-9
Dtsch.Z.gerichtl.Med.	= Deutsche Zeitschrift für die gesamte gerichtliche Medizin, Berlin .	1957,Bd 46,H.3
DVBl.	= Deutsches Verwaltungsblatt,Köln,Berlin	1957,H.15-16
DWW	= Deutsche Wohnungswirtschaft,Düsseldorf	1957,H.7
EA	= Europa-Archiv, Frankfurt/M.	1957,H.15-16
FamRZ	= Ehe und Familie im privaten und öffentlichen Recht, Bielefeld	1957,H.8/9
GAStr	= Goltdammer's Archiv für Strafrecht, Hamburg	1957,H.8
Gew.Mon.H.	= Gewerkschaftliche Monatshefte, Köln ..	1957,H.6-7
GRUR	= Gewerblicher Rechtsschutz und Urheberrecht, Weinheim	1957,H.7/8
GRUR Ausl.	= Gewerblicher Rechtsschutz und Urheberrecht,Auslands-und Internationaler Teil, Weinheim	1957,H.7-9
JZ	= Juristenzeitung, Tübingen	1957,H.13-18
Krim.	= Kriminalistik,Zeitschrift für die gesamte kriminalistische Wissenschaft und Praxis, Hamburg	1957,H.8-9
Mbl.freiheitl.Wipol.	= Monatsblätter für freiheitliche Wirtschaftspolitik, Frankfurt/M.	1957,H.6-7
MDR	= Monatsschrift für Deutsches Recht, Hamburg	1957,H.6-9
Mitbest.	= Die Mitbestimmung, Hamburg	1957,H.3-4

N.Gesellschaft	= Die Neue Gesellschaft, Bielefeld	1957,H.3-4
NJW	= Neue Juristische Wochenschrift, München	1957,H.28-38
Öff.D.	= Der Öffentliche Dienst, Düsseldorf ...	1957,H.7/8
	Politische Studien,Monatshefte der Hochschule für Politische Wissenschaften, München	1957,H.87-89
RdA	= Recht der Arbeit, München, Berlin	1957,H.7/8
RdJ	= Recht der Jugend, Berlin	1957,H.15-18
RdL	= Recht der Landwirtschaft, Hamburg	1957,H.8-9
RiW	= Recht der internationalen Wirtschaft, Heidelberg	1957,H.7-8
SchlHA	= Schleswig-Holsteinische Anzeigen,Kiel	1957,H.8-9
SCHM.JB.	= Schmollers Jahrbuch für Gesetzgebung, Verwaltung und Volkswirtschaft,Berlin	1957,H.4
SKV	= Staats-und Kommunalverwaltung,Berlin .	1957,H.8-9
Soz.Sicherh.	= Soziale Sicherheit, Zeitschrift für Sozialpolitik, Köln	1957,H.5-7
Weltw.Arch.	= Weltwirtschaftliches Archiv,Zeitschrift d.Instituts f.Weltwirtschaft an der Universität Kiel, Hamburg	1957,Bd 78,H.2
WRP	= Wettbewerb in Recht und Praxis,Frankfurt/M.	1957,H.8
WuW	= Wirtschaft und Wettbewerb, Düsseldorf	1957,H.7/8
Zbl.JugR	= Zentralblatt für Jugendrecht und Jugendwohlfahrt, Köln, Berlin	1957,H.7-9
ZLR	= Zeitschrift für Luftrecht,Berlin,Köln	1957,Bd 6,H.3
ZMR	= Zeitschrift für Miet-und Raumrecht, Düsseldorf	1957,H.8
Z.POLIT.	= Zeitschrift für Politik, Berlin	1956,H.4 1957,H.1
ZSR	= Zeitschrift für Sozialreform,Wiesbaden	1957,H.5-7
Z.St.soz.	= Zeitschrift für Staatssoziologie, Darmstadt	1957,H.2
ZV u ZV	= Zeitungs-Verlag und Zeitschriften-Verlag, Wiesbaden	1957,H.13-18
ZZP	= Zeitschrift für Zivilprozeß, Berlin ..	1957,Bd 70,H.3

1) Die hier aufgeführten Hefte sind gemäß der Benutzungsordnung der Bibliothek des Deutschen Instituts für Rechtswissenschaft bedingt ausleihfähig.

1. Soziologie, allgemeine Staatslehre, Rechtsphilosophie [1)]

Arndt, A.: Staatskunst und politische Bildung. (N.Gesellschaft, 1957, H.3, S.171-181)

Chroust, A.H.: The Meaning of law in a modern democratic society. (ARSP, 1957, Bd 43, H.3, S.321-341)

Dallmayr, W.: Integrierung und Differenzierung in der nord-und südamerikanischen Rechtslehre. (ARSP, 1957, Bd 43, H.3, S.399-417)

Kuhn, H.: Naturrecht und Historismus. (Z.POLIT., 1956, H.4, S.289-304)

Ollenhauer, E.: Zur Verantwortung bereit. (N.Gesellschaft, 1957, H.4, S.243-250)

Sladeczek, H.: Zum konstitutionellen Problem des Widerstandes. (ARSP, 1957, Bd 43, H.3, S.367-398)

2. Staats-und Rechtsgeschichte

Seidl, E.: War Begriffajurisprudenz die Methode der Römer? (ARSP, 1957, Bd 43, H.3, S.343-366)

Zajtay, I.: Die Rezeption fremder Rechte und die Rechtsvergleichung. (AcP, 1957, Bd 156, H.5, S.361-381) 1

3. Völkerrecht und Außenpolitik

Ago, R.: Der Begriff des positiven Rechts in der Völkerrechtstheorie. (AVö, 1957, Bd 6, H.3, S.257-307) 1

Anthon, C.G.: Das Suezkanalproblem in Geschichte und neuester Entwicklung. (Z.POLIT., 1957, H.1, S.1-25)

Satzung der Internationalen Atomenergie-Behörde (vom 26.Okt.1956). (EA, 1957, H.16, S.10105-10114)

Bauer, H.: Macht und Möglichkeiten der Vereinten Nationen. (Gew.Mon,H., 1957, H.7, S.385-390)

Granow, H.U.: Die Ölstreitentscheidung des Obersten Gerichtshofes in Singapur vom 13.April 1956. (AVö, 1957, Bd 6, H.3, S.321-335)

Herndl, K.: Die Rechtsprechung des Internationalen Gerichtshofes 1946-1956. (AVö, 1957, Bd 6, H.3, S.312-321)

Huber, K.: Die universale Ordnung der friedlichen Verwendung der Atomenergie. (EA, 1957, H.16, S.10083-10114)

Kerstein, J.: Die Deutsche Demokratische Republik - ein Staat im Sinne des Völkerrechts. (DJ, 1957, H.2, S.51-56) 4

Kiesinger, K.G.: Möglichkeiten einer gemeinsamen europäischen Außenpolitik. (AUSS.POL., 1957, H.8, S480-487)

Klug, O.: Europäische Kartellpolitik nach deutschem Rezept? (Mbl.freiheitl.Wipol., 1957, H.6, S.349-354) 12

1) Die nach der Fundstelle eines Artikels angegebenen Zahlen verweisen auf die Bedeutung dieses Artikels auch für andere Fachgebiete entsprechend der hier zugrundegelegten Systematik.

Menzel,E.: Tagung der Deutschen Gesellschaft für Völkerrecht 1957 in Heidelberg. (AVö,1957,Bd 6,H.3, S.335-339)

Mylord,H.A.: Zur Frage des Rechtsschutzes "Dritter" im Rechtssystem der Europäischen Gemeinschaft für Kohle und Stahl.(WuW,1957,H.7/8, S.483-504) 12

Otto,E.: Deutschland auf dem Weg zum Gemeinsamen Markt.(N.Gesellschaft, 1957, H.3, S.225-230)

Schröder-Brzosniowsky,I.: Der Stand der wirtschaftlichen Integration Europas im Sommer 1957.(Europaverträge).(Gew.Mon.H.,1957,H.7, S.430-433)

Seidl-Hohenveldern,I.: Die territoriale Begrenzung der Eingriffe in deutsches Vermögen nach dem Überleitungsvertrag - Zum AKU-Urteil des deutschen Bundesgerichtshofes. (RiW,1957,H.7, S.134-138)

4.Staatsrecht

Abendroth,W.: Das KPD-Verbotsurteil des Bundesverfassungsgerichts. Ein Beitr.zum Problem d.richterlichen Interpretation von Rechtsgrundsätzen d.Verfassung im demokratischen Staat.(Z.POLIT.,1956,H.4, S.305-327) 1

Aldermann,F.: Der neue Kurs der CDU. (ASP,1957,H.6, S.165-167)

Bernhardt,R.: Der Begriff der "Anerkennung der Bundesrepublik" in deutschen Gesetzen. (JZ,1927,H.18, S.561-564) 3,4

Beyer,W.R.: Der verfassungsrechtliche Rang des Presserechts. (ZV u.ZV,1957,H.17,(Beil.), S.1-2) 7

Beyer,W.R.: Das Wesen der Rahmenvorschriftsgesetzgebung.(NJW,1957, H.37, S.1348-1349)

Breitling,R.: Die deutschen Parteien im Spiegel der Wahlen. (Gew.Mon.H.,1957, H.6, S.321-328)

Brenner,O.: Die Gewerkschaften und der nächste Bundestag.(N.Gesellschaft,1957,H.3, S.189-193) 1

Brill,H.: Konkordate und Dissonanzen. (N.Gesellschaft,1957,H.3, S.182-188) 3

Buchsbaum,R.: Nochmals: Der Begriff "Recht" in Art.20 Abs.3 GG. (NJW,1957, H.32, S.1181)

Keine "Demontage des Staates"durch die Verbände.(Mbl.freiheitl.Wipol., 1957,H.6, S.367-369)

Dennenkamp,G.: Die rechtlichen Grundlagen der Wiedervereinigung Deutschlands. (DJ,1957, H.3, S.94-100) 3

Donner,E.: Die Frauen in der deutschen Politik.(Wahlrecht)(Gew.Mon. H.,1957,H.6, S.329-332)

Donner,W.: Marokko zwischen politischer und wirtschaftlicher Freiheit. (Gew.Mon.H.,1957,H.7, S.404-409)

Die Änderungen des Grundgesetzes zur Einführung der Allgemeinen Wehrpflicht. (DJ,1957, H.3, S.111-119)

Golsong,H.: Die Entscheidung der Europäischen Menschenrechtskommission über die Beschwerde der KPD.(NJW,1957, H.37, S.1349-1350) 3

Hahnenfeld,G.: Der Verwaltungsrechtsschutz im deutschen Wehrrecht. (NJW,1957,H.28, S.1013-1016) 5

Honig,F.: Die Entstehung des Staates Sudan.(AVö,1957,Bd 6,H.3, S.308-312)

Kipp,H.: Entstehung, Aufgaben und Rechtsstellung von Hilfseinrichtungen von Regierung und Parlament.(DÖV,1957,H.19, S.513-521) 5

Metzger,L.: Israel und die Histadrut.(Gew.Mon.H.,1957,H.7,S.409-413) 16

Müller,H.: Anhörung der Verfahrensbeteiligten bei der Vorlage einer Rechtsfrage.(NJW,1957, H.28, S.1016-1017) 7,15

Nörda,H.: Das Wahlsystem nach dem Bundeswahlgesetz.(SKV,1957,H.9, S.197-200)

Rohde-Liebenau,W.: Grundrechte und Polizei.(DÖV,1957,H.17, S.472-474) 5

Schultz,G.: Blick in die Zeit. (Verfassungsbeschwerde)(MDR,1957,H.6, S.336-337)

Schuster,H.: Die Heerschau der Parteien. Theorie und Praxis der Parteitage. (Politische Studien,1957,H.88/89, S.57-72) 1

Schwarz,W.: Nach Bundeswahlrecht - volksgewählt und parteiernannt. (Politische Studien, 1957,H.88/89,S.115-129)

Urkunden zur Unabhängigkeit des Sudan. AVö,1957, Bd 6, H.3, S.340-347) 3

Uhlitz,O.: Über die Unvereinbarkeit des § 48 Abs.1 S.2 des Bundeswahlgesetzes mit dem Grundgesetz. (DÖV,1957,H.17, S.468-470)

Ule,C.H.: Der Wehrbeauftragte des Bundestages.(JZ,1957, H.13/14, S. 422-429)

Weghorn,E.: Um die Grenzen von Pressefreiheit und Aussageverweigerungsrecht. (ZV u.ZV,1957,H.13, S.428-429) 7

Leitsätze,Programme und Erklärungen zur Wirtschafts- und Sozialpolitik der im Deutschen Bundestag vertretenen Parteien.(AG,1957,H.15/16, S.512-519) 17

5.Verwaltungsrecht und Verwaltungsgerichtsverfahren

Ambrosius,L.: Das neue Bundesbesoldungsrecht.(Öff.D.,1957, H.7/8, S.121-126)

Bachof,O.: Die Rechtsprechung des Bundesverwaltungsgerichts (BVerwGE Bd.1-3).(JZ,1957,H.13/14, S.431-441)

Badenhoop,R.: Zur Praxis der Verwaltungsrationalisierung.(DÖV,1957, H.16,S.437-442)

Baring,M.: Eine notwendige Änderung zum RJWG von 1953.(DVBl.,1957, H.15, S.528-530)

Becker,W.: Die hauptsächlichen Träger des Jugendschutzes.(RdJ,1957, H.16,S.241-243; H.17, S.269-270) 7

Beyer,W.R.: Ist die Vorschrift des § 6 Abs.3 BEG verfassungswidrig? (DJ,1957,H.2, S.56-60)

Bigalke,H.: Die Genehmigung der Bauleitpläne. Zu den Entwürfen eines Bundesbaugesetzes.(DÖV,1957,H.16,S.444-447)

Brossok,E.: Rechtsnatur gemeindlicher Baulandzusagen.(NJW,1957,H.29, S.1057-1058)

Bull: Rechtsstaat und Verfahrensschleppung.(NJW,1957,H.30,S.1100-1102)

Burkhardt,H.: Das Bundesrückerstattungsgesetz. (BB,1957,H.19, S.653-657)

Daube,W.: Zur Frage der Rechtsmittelbelehrung des Entschädigungsfeststellungsbeschlusses nach § 29 pr.Enteignungsgesetz.(DVBl.,1957, H.15, S.519-523)

Esser: Verbesserungen der Entschädigungsleistungen nach dem Lastenausgleichsgesetz.(B,1957,H.29/30, S.708-710)

Felix,G.: Amtshaftung gegenüber Staatenlosen.(NJW,1957,H.30,S.1099-1100) 4

Frey,H.: Nichtigkeit oder Anfechtbarkeit bei fehlerhafter Verlautbarung von Kollegialbeschlüssen? (DÖV,1957,H.19, S.526-528)

Gamm,O.F.Frhr.von: Das Verwaltungshandeln und der Rechtsweg. (NJW,1957, H.29, S.1055-1057) 2

Hamann,A.: Öffentlich-rechtliche Bau- und Planungsmaßnahmen und die Eigentumsgarantie des Artikels 14 GG. (DVBl.,1957, H.15, S.513-519) 4

Hülden: Das neue Besoldungsgesetz.(SKV,1957, H.8, S.175-176)

Politisierung der Jugendwohlfahrt.(Stellungnahme zu dem Beitrag v. G.Potrykus in RdJ 1957, S.99)(RdJ, 1957,H.15, S.231-234)

Kah,H.: Die Urteilsverkündung im verwaltungsgerichtlichen Verfahren. (DÖV,1957,H.19, S.524-526)

Keßler,E.: Zur Verwaltungsorganisation und Personalwirtschaft in den USA. (DÖV,1957, H.16, S.442-444)

Koppe: Das Bundesrückerstattungsgesetz. (NJW,1957,H.33/34,S.1212-1216)

Das Kriegsfolgenschlußgesetz nach der 2.Lesung.(AG,1957,H.15/16, S.519-522)

Mittendorf,H.: Die Ausschüsse der Gemeinden in Niedersachsen. (SKV,1957, H.9, S.205-207)

Müller,H.: Feststellung der Mitgliedschaft zu einem Wasserverband. (DVBl.,1957,H.16, S.559-561)

Ostendorf,B.: Neue Vorschriften zur Vermögensabgabe im Rahmen des 8.LA-Änderungsgesetzes.(B, 1957,H.29/30, S.694-697) 6

Pietzonka: Ortsrecht nach § 2 der Baugestaltungsverordnung.(NJW, 1957, H.30, S.1097-1099)

Potrykus,G.: Einzelfragen aus dem Jugendwohlfahrtsrecht.(RdJ,1957, H.17, S.267-269; H.18, S.276-278)

Raupach: Das 8.Änderungsgesetz zum Lastenausgleichsgesetz - Die Verbesserungen der Entschädigungsleistungen. (BB,1957, H.24,S.842-844)

Reetz,G.: Dienst-,Fach- und Kommunalaufsicht in der Berliner Verwaltung. (SKV,1957, H.9, S.200-202)

Reuscher,B.: Zur Wahl des neuen Bundestages. (SKV,1957, H.8, S.171-172)

Rieger,W.: Das Verfahren nach dem Finanzvertrag.(Abgeltung von Stationierungsschäden)(NJW,1957, H.31, S.1133-1135) 3,4

Roestel,G.: Die freiwillige Erziehungshilfe in Schleswig-Holstein. (SchlHA, 1957, H.9, S.229-231)

Schmidt,R.: Gemeinsame Grundsätze im öffentlichen Leistungsrecht und im Enteignungsrecht? (DÖV,1957, H.18, S.489-496)

Schröder,B.: Das Sicherstellungsgesetz. Entgegnung zum Gutachten von Hamann (BB 1957,S.94 ff.)(BB, 1957, H.22, S.769-772) 4

Schütz,E.: Dienstverschwiegenheit, Aussagegenehmigung und Zeugnisverweigerungsrecht der Beamten.(Öff.D.,1957, H.7/8, S.135-141)

Schuster,F.: Unzeitgemäßes Postregal? Eine Frage zum Entwurf e.Postgesetzes. (DÖV,1957, H.19, S.522-523)

Sellmann: Verwaltungsgerichtsbarkeit und Sozialgerichtsbarkeit. (NJW, 1957, H.30, S.1091-1093) 17

Strunz,L.: Die Baufreiheit und ihre Schranken. (SKV,1957, H.9, S.207-209)

Tischbein,H.: Bestrebungen und Gesetz zur Reinhaltung der Luft in Großbritannien.(DVBl.,1957, H.16, S.553-558)

Ulland,C.: Das Beamtenrechtsrahmengesetz und das Beamtengesetz für das Land Nordrhein-Westfalen.(Öff.D.,1957, H.7/8, S.128-135)

Wenzel,H.: Der Aufstieg in eine höhere Laufbahn. (Öff.D.,1957, H.7/8, S.142-145)

Erklärung der Kommission für Rechte und Forderungen der VVN zum Ausschluß von der Wiedergutmachung aus politischen Gründen.(DJ,1957, H.2, S.66-67)

Wiederholt,R.: Die Anfechtungsmöglichkeiten der Gemeinden in Nordrhein-Westfalen gegen Maßnahmen der Aufsichtsbehörde.(SKV,1957,H.9, S.202-205)

Zeiß,F.: Einige Führungs- und Aufsichtsprobleme bei Gemeindeunternehmen.(DÖV,1957, H.17, S.465-468)

Zipfel,W.: Lebensmittelverfälschung und irreführende Werbung im Lebensmittelgesetz.(BB,1957, H.23, S.805-808)

6.Finanz-,Steuer-u.Preisrecht(einschließlich Finanzgerichtsverfahren)

Ein problematischer Bundeshaushalt. (AG,1957,H.12, S.399-402)

Ebert,D.: Mißbrauchstatbestand und wirtschaftliche Betrachtungsweise im Steuerrecht. (BB,1957, H.19, S.673-674)

Eckhardt,W.: Das 9.Gesetz zur Änderung des Umsatzsteuergesetzes. (BB,1957,H.20, S.685-688)

Fischer,H.A.: Grenzen der Offenbarungspflicht deutscher Unternehmen bei Anwendung des deutsch-englischen Doppelbesteuerungsabkommens. (RiW,1957, H.7, S.141-144) 18

Friedrich,W.: Die Übergangsregelung für die Ehegattenbesteuerung. (NJW,1957,H.33/34, S.1218-1220)

Görbing,H.: Die Änderungen des Lohnsteuerrechts für 1957.(BB,1957, H.20 (Beil.), S.1-8)

Graff:Zur Abgrenzung der Gebäude von den Betriebsvorrichtungen. (B,1957, H.29/30, S.697-699)

Hartz,W.: Die typische Betrachtungsweise im Steuerrecht. (B,1957, H.35, S.828-829)

Längsfeld,H.;H.Diedenhofen: Das Gesetz zur Änderung steuerrechtlicher Vorschriften (Steueränderungsgesetz). A.Die Änderungen auf dem Gebiete der Steuern vom Einkommen und Ertrag. B.Die Änderungen auf dem Gebiete der Vermögensbesteuerung. (B,1957, H.28, S.663-670)

Lindrath,H.: Die gesetzliche Neuregelung der Ehegattenbesteuerung. (BB,1957,H.21, S.722-725) 14

Mattern,G.: Rechtsprechung zum Steuerrecht. (JZ,1957,H.17, S.539-541; H.18, S.571-574)

Pehl,G.: Der finanzielle Aufwand für die deutsche Rüstung. (Gew.Mon.H.,1957, H.7, S.419-423) 4

Prost,G.: Das Gesetz über die Deutsche Bundesbank.(NJW,1957,H.36, S.1303-1306)

Schubert,W.: Das Gesetz über die Deutsche Bundesbank.(BB,1957,H.24, S.829-834) 4,5

Schultze-Schlutius,H.G.: Natürliche Personen als Organträger.(BB, 1957,H.24, S.852-855)

Die Auswirkungen des Steueränderungsgesetzes auf das Bewertungsgesetz, Vermögenssteuer-und Erbschaftssteuergesetz.(BB,1957,H.21, S.739-741)

7.Strafrecht, Strafprozeß

Arndt,H.: Das neue Wehrstrafgesetz. (DRiZ.,1957,H.6, S.134-136) 4

Bach,G.: Zur Problematik des räuberischen Diebstahls.(MDR,1957,H.7, S.402-403)

Bauer,F.: Selbstverwaltung und Gruppen-Therapie im Strafvollzug. (RdJ,1957,H.17, S.257-259; H.18, S.278-280)

Bauerle,G.: Notwendigkeit und Rechtsstaatlichkeit des Verwaltungssteuerstrafverfahrens.(BB,1957, H.20, S.707-710) 4,6

Baumann,J.: Wahrheit der Urteilsgründe. (NJW,1957, H.28, S.1017-1018)

Bertling,G.: Wirtschaftsdelikte aus der Sicht des Wirtschaftskriminalisten. (Krim.,1957, H.9, S.324-328)

Börker;Hannemann: Nochmals: Zur Fassung des Entscheidungssatzes bei der Verwerfung offensichtlich unbegründeter Revisionen in Strafsachen.(DRiZ,1957,H.6, S.139-140)

Bruns,H.J.: Zur strafrechtlichen Diskussion über das Züchtigungsrecht des Lehrers. (JZ,1957, H.13/14, S.410-422)

Dallinger,W.: Aus der Rechtsprechung des Bundesgerichtshofes in Strafsachen. (MDR,1957,H.7, S.395-398; H.9, S.526-529)

Dreher,E.u.a.: Das Neue Wehrstrafrecht. (JZ,1957, H.13/14,S.393-410) 4

Faller,H.: Die Rechtsprechung des BGH auf den Gebieten des Hochverrats und der Staatsgefährdung. (JZ,1957, H.16, S.503-505)

Händel,K.: Strafaussetzung zur Bewährung und Kostenauflage.(NJW,1957, H.28, S.1018-1020)

Heitfeldt: Wichtige gesetzliche Grundlagen für die Bekämpfung des Alkoholismus.(ASP,1957,H.6, S.182-184) 5,10

Henkel,H.: Zur Frage der Verbindung von Erwachsenen-und Jugendstrafsachen. (JZ,1957,H.18, S.565-568)

Hennke: Das Urteil in Verkehrsstrafsachen.(DRiZ,1957,H.7, S.152-155)

Kahler,L.: Zum Gesetz zur Änderung des Wirtschaftsstrafgesetzes 1954 vom 19.Dez.1956.(DJ,1957, H.2, S.60-66)

Kohlhaas,M.: Die Rehabilitierung Straffälliger.(DRiZ,1957,H.8,S.177-184.

Krauß,O.H.: Anrechnung der Untersuchungshaft bei Jugendstrafe von unbestimmter Dauer.(NJW,1957,H.28, S.1020-1021)

Lang-Hinrichsen,D.: Zur Frage der Schuld bei Straftaten und Ordnungswidrigkeiten.(GAStr.,1957, H.8, S.225-238)

Meyer,A.: Strafbare Handlungen an Bord von Luftfahrzeugen im Hinblick auf den Bericht des Unterausschusses des "Legal Committee" der ICAO. (ZLR,1957,Bd 6,H.3, S.170-171) 3

Middendorff,W.: Motorisierung und Jugendkriminalität.(Zbl.JugR,1957, H.9, S.225-229)

Middendorff,W.: Die Stellung der "Probation" im System des amerikanischen und englischen Jugendrechts.(RdJ,1957,H.17, S.265-267;H.18, S.280-283)

Mittelbach: Ersatzfreiheitsstrafe (§ 29 StGB). (NJW,1957, H.31, S. 1138-1139)

Mittelbach: Die strafbare Verletzung der Unterhaltspflicht (§ 170 b StGB) (DRiZ,1957,H.9, S.215-216)

Müller,R.: Straftatbestand bei Wechselreiterei und Weitergabe von Austauschwechseln.(NJW,1957, H.35, S.1266-1268) 12

Neumayer,F.: Zum Entwurf des Allgemeinen Teils eines Strafgesetzbuches. (DRiZ,1957, H.7, S.149-152)

Ochs,J.: Internationale Fragen und Probleme bei Reisescheck-Fälschern.(Krim.,1957, H.8, S.288-290)

Pelle,L.: Homosexualität und Jugendverwahrlosung. (Zbl.JugR.,1957, H.7, S.164-170)

Pfannenschwarz,K.: Die Staatsgefährdung im Schweizer Recht. Ein Beitr. zur Entstehung d.Abschnitts "Staatsgefährdung" im 1.Strafrechtsänderungsgesetz vom 30.Aug.1951. (DJ, 1957,H.2, S.47-51; H.3,S.87-94)

Potrykus: Zweifelsfragen aus dem Jugendstrafrecht.(Neue Folge). (NJW,1957, H.31, S.1135-1138)

Potrykus,G.: Das Jugendgerichtsgesetz und die Bundeswehr.(Zbl.JugR, 1957,H.9, S.229-232) 4

Potrykus,G.: Das Wehrstrafgesetz (WStG). (RdJ,1957,H.18,S.286-287) 4

Schmidt,H.W.: Säumnis des Angeklagten, wenn die Staatsanwaltschaft Berufung eingelegt hat.(NJW,1957, H.38, S.1389-1390)

Schultz,G.: Blick in die Zeit.(Wehrstrafgesetz u.a.)(MDR,1957,H.7, S.398-400) 4

Schulz,G.: Die Kriminalpolizei in der Jugendstrafrechtspflege. (Zbl.JugR.,1957,H.7, S.157-164)

Traub,F.: Die Behandlung übergangener, nach § 219 StPO gestellter Beweisanträge.(NJW,1957, H.30, S.1095-1097)

Weber,H.von: Zum Bericht des Unterausschusses des Rechtsausschusses der ICAO über die Bestrafung der an Bord von Luftfahrzeugen begangenen strafbaren Handlungen(dt.u.frz.;mit Text)(ZLR,1957,Bd 6,H.3, S.162-169; 198-227) 3

Willms,G.: Offenkundigkeit und Legalitätsprinzip.(JZ,1957,H.15, S.465-466)

Wimmer,A.: Straftat und Ordnungswidrigkeit. Grundlagen der Abgrenzung de lege ferenda. (NJW,1957, H.32, S.1169-1173)

8.Kriminalistik,Gerichtliche Medizin, Gerichtspsychiatrie-psychologie

Dück,J.: Psychologische Beiträge zur Kriminalistik.(Krim.,1957,H.8, S.300-302)

Littmann,J.: Drei Notzuchtsdelikte in psychiatrischer Sicht. (Krim.,1957, H.9, S.342-347)

Lommer,E.: 36.Tagung der Deutschen Gesellschaft für gerichtliche und soziale Medizin. (Krim.,1957,H.8, S.293-296)

Schade,H.: Bemerkungen über Zweit- und Obergutachten in der anthropologisch-erbbiologischen Vaterschaftsfeststellung.(Zbl.JugR,1957, H.8, S.193-197) 15

Schreiber,H.: Der Beweiswert chemischer Reaktionen beim Nachweis von Giften.(Krim.,1957,H.9, S.328-331)

Specht,W.: Die gegenwärtige und künftige Situation der Kriminaltechnik. (Krim.,1957,H.9, S.317-322)

9.Gerichtsverfassung(einschließlich Justizverwaltung, Staatsanwaltschaft,Notariat und Anwaltschaft)

Arndt,A.;D.Haas: Landesrecht vor Bundesgerichten? (Erwiderung und Schlußwort)(DVBl.,1957, H.16, S.566-567) 4

Arndt,H.: Empfiehlt es sich, die verschiedenen Zweige der Rechtsprechung ganz oder teilweise zusammenzufassen? (DRiZ,1957,H.9,S.198-203)

Empfehlungen des DRB für die Besoldungskonferenz der Landesjustizverwaltungen.(DRiZ,1957,H.8, S.195)

Bettermann,K.A.: Notwendigkeit,Möglichkeiten und Grenzen einer Angleichung der deutschen Verfahrensordnungen.(ZZP, 1957,H.3, S.161-198)

Bötticher,E.: Nochmals: Zur Bindung der Zivil- und Verwaltungsgerichte an die Rechtswegverneinung der Nachbargerichtsbarkeit.(JZ,1957,H.18, S.568-569)

Friedrichs,H.: Ressortvereinheitlichung-Allzuständiges Gericht. (NJW,1957,H.37, S.1344-1346)

Furtner,G.: Zur Mitwirkung bei der Ernennung und Beförderung von Richtern.(DRiZ,1957, H.7, S.157-159)

Haueisen: Freizügigkeit der Richter innerhalb der Gerichtszweige. (NJW, 1957, H.30,S.1089-1091)

Hauth,Th.: Zur Lage und Bedeutung des Richters auf dem Lande.(DRiZ, 1957, H.7, S.155-157)

Heiner: Rechtsvergleichende Erörterungen zum Richtergesetzentwurf. (DRiZ, 1957,H.7, S.159-160)

Hoechst,O.: Neuordnung der Entschädigung der ehrenamtlichen Beisitzer bei den Gerichten. (ArbuR, 1957, H.7, S.214-215)

Lüther,G.: Änderungen der italienischen Gerichtsverfassung.(NJW,1957, H.38, S.1392-1393)

Marquordt,G.: Das Rechtspflegergesetz.(MDR,1957,H.6, S.322-327)

Mittelstein,K.: Deutscher Anwaltstag 1957. (MDR,1957, H.8,S.462-463)

Die besoldungsrechtliche Sonderstellung der Richter. (DRiZ,1957,H.9, S.219-220)

Überlastung der Richter und Staatsanwälte. (DRiZ, 1957,H.8,S.194-195)

Änderungs- und Ergänzungsvorschläge des DRB zum Regierungsentwurf eines Deutschen Richtergesetzes. (DRiZ, 1957,H.8, S.173-176)

Die Regierungsvorlage für ein Deutsches Richtergesetz.(DRiZ,1957, H.6, S.122-134)

Schumacher: Zum neuen Bundesbesoldungsgesetz.(DRiZ, 1957,H.7, S.162-163)

Schumacher: Weitere Erläuterungen zum neuen Bundesbesoldungsgesetz. (DRiZ, 1957,H.8, S.189-191)

Sievert,R.: Deutscher Rechtspflegertag 1957.(SchlHA,1957, H.8,S.197-198)

Die Unabhängigkeit des Richters. (DRiZ,1957,H.8, S.191-192)

Wagner,A.: Das Disziplinarrecht für Richter. (DRiZ,1957, H.9, S.211-215)

Wagner,A.: Die Regierungsvorlage zum Richtergesetz.(JZ,1957,H.17, S.531-535)

Werthauer,K.: Die Kompetenz der oberen Bundesgerichte zur Anwendung von Landesrecht.(NJW,1957,H.38, S.1387-1389)

10.Zivilrecht

Beeser,J.: Abtretung des Bruchteils einer Mehrheit wechselnder Forderungen. (AcP,1957, Bd 156, H.5, S.414-424)

Dempewolf,G.: Der Rückübertragungsanspruch bei Sicherungsgrundschulden als Kreditsicherungsmittel.(NJW,1957,H.35, S.1257-1261)

Draste,K.: Das Recht der Allgemeinen Geschäftsbedingungen.(B,1957, H.32 (Beil.), S.1-6) 12

Esser,J.: Die Entwicklung der Lehre von der Vorteilsausgleichung. (MDR,1957, H.9, S.522-524)

Graue,E.D.: Eigentumsvorbehalt und Umsatzsteuer nach niederländischem Recht.(RiW, 1957,H.8, S.160-161) 6

Gürich,H.P.: Verwendungsansprüche des Werkunternehmers?(JZ,1957, H.13/14, S.429-431)

Hubmann,H.: Der zivilrechtliche Schutz der Persönlichkeit gegen Indiskretion.(JZ, 1957,H.17, S.521-528)

Koebel: Billigkeitsansprüche aus Schadenszufügung.(NJW,1957, H.28, S.1009-1011)

Kohler,R.: Testamentarisches Familiengut.(NJW, 1957,H.32, S.1173-1175) 14

Lorenz,W.: Das Problem der Aufrechterhaltung formnichtiger Schuldverträge. (AcP,1957, Bd 156,H.5, S.381-413)

Mees,J.: Nichtgenehmigte Wertsicherungsklauseln (Zivilrechtliche Wirkungen u.Abhilfemöglichkeiten)(NJW,1957, H.35, S.1261-1265)

Mührer: Zum Veräußerungsverbot nach § 34 des Schiffsbankgesetzes. (MDR,1957, H.8, S.460-461)

Neumann-Duesberg,H.: Abgrenzbarkeit des allgemeinen Persönlichkeitsrecht und sein Schutz nach § 823 Abs.1 BGB.(NJW,1957,H.37, S.1341-1344)

Ottow,J.: Zur Revision wegen Nichtanwendung sachlichen Strafrechts. (NJW,1957, H.29, S.1059-1060)

Spiegelhalter,F.: Aus der Praxis der Erfolgsbeteiligung.T.2-6.(AG, 1957, H.10,S.352-357; H.11, S.377-384; H.12, S.413-419; H.13/14, S.457-461; H.17, S.578-580) 16

Thieme,W.: Zur Amtshaftung von Geistlichen und Kirchenbeamten.(JZ,1957, H.16, S.494-498) 5

Weimar: Ist der Mieter Erfüllungsgehilfe des Vermieters im Verhältnis zu einem anderen Mieter? (ZMR, 1957,H.8, S.254)

Weimar,W.: Zum Umfang des Schadensersatzanspruchs gemäß § 249 S.2 BGB. (MDR,1957,H.7, S.401-402)

Wendt,H.: Abzahlungsgesetz und Finanzierungsinstitute in der Rechtsprechung.(MDR,1957, H.7, S.390-392; H.8,S.455-458) 6

Wieacker,F.: Rechtswidrigkeit und Fahrlässigkeit im bürgerlichen Recht. (JZ, 1957, H.17,S.535-537)

Zunft;R.Fischer: Verpflichtung der Miterben zur Verfügung über Anteile an Nachlaßgegenständen. (NJW,1957, H.32, S.1178-1179) 12

11.Urheber-und Erfinderrecht

Abel,P.: The British Copyright Act 1956. Herstellung und Ausfolgung von Kopien durch Bibliotheken etc.(Section 7).(GRUR Ausl.,1957,H.7, S.287-288)

Zum Gesetz über Arbeitnehmererfindungen.(AG, 1957, H.15/16,S.497-499) 16

Beier,F.K.: Benutzungszwang für ausländische Marken in den Niederlanden. (GRUR Ausl.,1957, H.7, S.289-291)

Bobsin,P.: Tonbandaufnahme und Photokopie.(GRUR,1957,H.7/8,S.318-325)

Brugger,G.: Zur Frage der Abgrenzung zwischen urheberrechtlichem und wettbewerbsrechtlichem Plagiatsschutz.(GRUR, 1957,H.7/8, S.325-331) 12

Fischer,M.: Kann eine Tonbandaufnahme ein Werk im Sinne des LitUrhG darstellen? (NJW,1957,H.28, S.1018)

Groß,F.: Wie mache ich im Inland Ansprüche aus Schutzrechten geltend, deren Verletzung im Ausland erfolgt ist? (GRUR AUsl.,1957,H.8/9, S.346-348) 15,18

Holmer,O.: Verwertung und Schutz von Erfindungen in der Sowjetunion. (GRUR Ausl.,1957, H.8/9, S.334-335)

Johannesson,B.: Zur gegensätzlichen Rechtsprechung des Deutschen Patentamts und des Bundesgerichtshofs zu § 2 PatG. (GRUR,1957,H.7/8, S.303-306)

Kraft,A.: Einzelfragen zum Ausstattungsrecht.(GRUR,1957,H.7/8,S.314-318)

Kunze,A.: Die begriffliche Festlegung technischer Gegenstände in der Patentschrift.(GRUR, 1957,H.7/8, S.308-311)

Nizzaer Konferenz zur Revision des Madrider Markenabkommens (4.-15. Juni 1957). (RiW, 1957,H.7, S.150-151) 3

Müller,E.: Die Objektivität der Kategorie.(Erfindungsdarstellung durch Auswahl d.Patentkategorie).(GRUR, 1957,H.7/8, S.301-302)

Rheinfelder,L.: Zur Frage der Neuheitsschädlichkeit nichtgedruckter französischer Patentschriften. (GRUR,1957,H.7/8, S.306-308)

Schade,H.: Der Schutz neuer Pflanzenzüchtungen.(GRUR Ausl.,1957, H.8/9, S.325-331)

Schmidt,J.: Über die Verlängerung der Laufzeit von Gebrauchsmustern. (GRUR,1957,H.7/8, S.311-312)

Stegmaier,H.: Bewertung geschützter und nicht geschützter Erfindungen nach dem Bewertungsgesetz. (GRUR,1957,H.7/8, S.312-314)

Weller,G.: Supranationaler Patentschutz.(GRUR Ausl.,1957,H.7, S.281-287) 3

Verlautbarung des Internationalen Büros zum Schutze des gewerblichen Eigentums, über die Zugehörigkeit von Deutschland zur Pariser Verbandsübereinkunft und ihren Nebenabkommen.(GRUR Ausl.,1957,H.8/9, S.363-364)

12.Handelsrecht,Wertpapierrecht,Kartell-und Wettbewerbsrecht

Backeberg,H.: Beschlußfähigkeit des Aufsichtsrats mit Arbeitnehmer-Drittel. (NJW, 1957,H.28, S.1011-1013) 16

Ballerstedt,K.: Die Verfassung der Aktiengesellschaft und der Organschaftsvertrag.(B,1957, H.35, S.837-841)

Benisch,W.: Die unverbindliche Abstimmung unter dem Gesetz gegen Wettbewerbsbeschränkungen.(B,1957,H.33, S.789-792)

Benke,H.: Die Feststellung trügerischer Reklame auf Grund eigener Sachkunde des Gerichts. (WRP,1957, H.8, S.221-223)

Bock,H.K.;H.Korsch: Kartellauflösung und Konzernentflechtung in der westdeutschen Wirtschaft seit 1945.(WuW,1957,H.7/8, S.411-437)

Ebisch,H.: Das Preisüberhöhungsverbot im Wirtschaftsstrafgesetz(§ 2a). (WuW,1957,H.7/8, S.448-466) 7

Günther,E.: Zur Verabschiedung des Gesetzes gegen Wettbewerbsbeschränkungen.(BB, 1957,H.21, S.721-722)

Henn,G.: Die Rechtsstellung des Vorstandes nach §§ 70,71 Aktiengesetz. (MDR,1957,H.7, S.392-395)

Hesse,G.: Tauziehen um ein Kartellgesetz.(Mitbest.,1957, H.3, S.66-67)

Hix,W.: Preisausschreiben als Werbemittel. Eine Unters.über d.wettbewerbsrechtl.Zulässigkeit von Preisausschreiben.(WuW,1957, H.7/8, S. 467-483)

Honig,F.: Das englische Kartellgesetz vom 2.Aug.1956.(GRUR Ausl.,1957, H.8/9, S.349-356)

Junckerstorff,K.: Fair Trade- und Antitrust-Politik in den USA und in Europa.(SCHM.JB.,1957, H.4, S.53-76)

Das Kartellgesetz wurde verabschiedet.(Mitbest.,1957, H.4, S.98-100)

Kübel,J.: Das veränderte Gesicht des Kartellgesetzes.(AG,1957,H.15/16, S.522-525)

Löffler: Das neue Kartellgesetz und seine Bedeutung für die Zeitungs- und Zeitschriftenverlage.(ZV u.ZV,1957,H.18, S.586-587)

Lutz,H..Das Gesetz gegen Wettbewerbsbeschränkungen.(NJW,1957,H.36, S.1297-1300)

Mehr Mitbestimmung! (Tagung der Böckler-Gesellschaft)(AG,1957,H.15/16, S.499-502) 16

Mähring,P.: Sind auf dem Gebiete des Konzernrechts gesetzgeberische Maßnahmen gesellschaftlicher Art notwendig? (DRiZ,1957,H.9,S.203-209)

Mueller,R.: Das neue Kartellrecht und die Wirtschaft.(BB,1957,H.22, S.757-759)

Natzel,B.: Zur Änderung des Aktien- und Mitbestimmungsrechts.(B,1957, H.31, S.748-750) 16

Rheinfels,H.: Gesetz gegen Wettbewerbsbeschränkungen (3.Wettbewerbsregeln)(B,1957, H.34, S.813-816)

Richert,E.: Wie hat die Firma der Zweigniederlassung zu lauten? (MDR,1957, H.6, S.339-340)

Riepl,F.: Bewertung von Rechten und sonstigen wirtschaftlichen Werten. (Mitbest.,1957, H.3, S.73-78)

Scharrenbroich,W.: Der Ausgleichsanspruch - Kernstück des Handelsvertreterrechtes.(ZV u.ZV,1957, H.15, S.493-496)

Schilling,W.: Konzernfragen.(JZ,1957, H.17, S.529-531)

Schmidt,D.: Die Investmentgesellschaften in der Bundesrepublik.(AG, 1957, H.11, S.384-388)

Schmidt,W.: Konzernrechtliche Kodifikation? (NJW,1957, H.37,S.1337-1341)

Schuler: Kapitalanlagegesellschaften, ihre Sondervermögen und Anteilscheine.(NJW,1957,H.29, S.1049-1053)

Seydel,H.: Zur Systematik des Gesetzes gegen Wettbewerbsbeschränkungen. (NJW, 1957, H.36, S.1300-1303)

Siebel,U.: Außenhandelsrecht in der englischen Rechtsprechung.(B,1957, H.28, S.676-678)

Spengler,A.: Überblick über das Kartellgesetz und seine Anwendung. (B,1957, H.29/30, S.707-708)

Troller,A.: Der Schutz des ausländischen Handelsnamens nach schweizerischem Recht. (GRUR Ausl.,1957, H.8/9, S.336-342) 18

Wagner,H.: Die Handlungs- und Beschlußfähigkeit des Aufsichtsrates. (BB, 1957, H.20, S.713-714) 16

Willner,H.: Stellungnahme zu der Abhandlung "Kartellauflösung und Konzernentflechtung in der westdeutschen Wirtschaft seit 1945" von Bock und Korsch.(WuW,1957,H.7/8, S.438-447)

Wunsch:Entlastung eines gesetzlichen GmbH-Aufsichtsrates.(NJW,1957, H.36, S.1307-1308)

Zieseniss,K.: Die Bedeutung des Kartellgesetzes.(SKV,1957,H.9,S.209-211)

Zunft: Unklarheiten zu § 139 HGB.(NJW,1957,H.31, S.1129-1133)

13.Landwirtschaftsrecht

Bärmann,J.: Aus dem spanischen Landwirtschaftsrecht.(RdL,1957,H.9, S.225-227)

Pikalo: Die Ehegattenbesitzung im Zuweisungsrecht.(RdL,1957,H.9, S.233-238) 10

Riedel,E.: Die Zuständigkeit der Bauern- und Landwirtschaftsgerichte für die erbhofrechtlichen Versorgungsstreitigkeiten.(JZ,1957,H.16, S.501-503) 15

Wieacker,F.: Hoferbenbestimmung durch schlüssiges oder sozialtypisches Verhalten? (FamRZ, 1957, H.8/9, S.287-291) 10

Wöhrmann:Das Zuweisungsverfahren nach Schweizer und nach deutschem Recht. (RdL,1957, H.9, S.228-233) 10

14.Familienrecht

Artzt,W.: Die vermögensrechtliche Beziehung der Ehegatten während der Ehe und nach deren Auflösung.(DJ,1957, H.3, S.100-105)

Becker,W.: Gleichberechtigung - freie Einigung der Eltern.(Zbl.JugR, 1957, H.8, S.189-193)

Boennecke,W.: Zum Zwiespalt zwischen Unterhaltsurteil und Abstammungsurteil. (MDR,1957, H.6, S.327-330) 15

Brühl:Der Familienunterhalt nach dem Gleichberechtigungsgesetz. (FamRZ, 1957,H.8/9, S.277-283)

Finke,F.J.: Erläuterungen zum Gleichberechtigungsgesetz.(MDR,1957, H.8, S.449-455; H.9, S.514-521)

Gebauer,S.: Die Familie in den nordischen Ländern. Biologische Struktur. Familienpolitische Gesetzgebung im Vergleich mit der Bundesrepublik.(ZSR,1957, H.6, S.181-184) 17

Haegele,K.: Zum Ehevertrag auf allgemeine Gütergemeinschaften in der Übergangszeit.(FamRZ,1957, H.8/9, S.286-287)

Kleinheyer,G.: Die Verweigerung des Zugewinn-Ausgleichs wegen grober Unbilligkeit (§ 1381 BGB n.F.)(FamRZ,1957, H.8/9, S.283-285)

Lange,H.: Die Stellung des überlebenden Ehegatten bei der Zugewinngemeinschaft.(NJW,1957, H.38, S.1381-1387)

Massfeller: Das Güterrecht des Gleichberechtigungsgesetzes. T.5: Das vertragsmäßige Güterrecht.(B,1957,H.31, S.738-744)

Potrykus,G.: Das Gleichberechtigungsgesetz.(RdJ, 1957,H.15, S.225-228)

Reinicke,D.: Die Berechnung der Ausgleichsforderung im Güterstand der Zugewinngemeinschaft.(BB,1957,H.22,S.759-764)

Schultz,G.: Blick in die Zeit./(Gleichberechtigungsgesetz)(MDR,1957, H.8, S.461-462)

Szpunar,A.: Die Verwaltung des gemeinschaftlichen Vermögens der Ehegatten in Polen.(N.P.,1956,H.10,S.28-42; deutsch: RID,1957,H.7, DJ,1957, H.3, S.105-111)

Ulrich,E.: Zur Frage des Verzuges und der Verjährung bei Unterhaltsrückständen und des Teilanerkenntnisses bei Unterhaltsansprüchen. (Zbl.JugR, 1957,H.8, S.197-200)

Weimar,W.: Grundzüge des neuen Familienrechts.(SKV,1957,H.8, S.184-186)

Weimar,W.: Die Wirkung der Gleichberechtigung auf das Verhältnis der Eltern zu den Kindern.(SKV,1957,H.9, S.211-212)

15.Zivilprozeß und Freiwillige Gerichtsbarkeit

Arnold,H.: Die Rechtshilfeordnung für Zivilsachen vom 19.Okt.56. (MDR,1957, H.7, S.385-388)

Arnold,H.: Zustellungen, Ladungen und Vorführungen in der Bundeswehr.(NJW, 1957,H.33/34, S.1220-1221) 4,7

Böhle-Stamschräder,A.: Zwangsvollstreckung gegen Soldaten.(NJW,1957, H.33/34, S.1221-1222) 4

Böhm,F.;O.Jauernig: Nochmals: Unterhaltsurteil, Statusklage und § 826 BGB (Mit Schlußwort von Jauernig) (NJW,1957,H.38, S.1390-1392) 10

Bruns,R.: Zur Systematik der gesetzlichen Beweisarten im Zivilprozeß. (JZ,1957, H.16, S.489-494)

Burkhardt,H.: Das schriftliche Verfahren im Zivilprozeß.(MDR,1957, H.7, S.388-390)

Donau,H.: Zur Rechtslage bei Streit über die Erledigung der Hauptsache (einseitige Erledigungserklärung).(MDR,1957, H.9, S.524-526)

Furtner,G.: Vorläufige Vollstreckbarkeit von Urteilen, die eine frühere Entscheidung aufheben.(DRiZ.,1957,H.8, S.184-187)

Göppinger,H.: Die Erledigungserklärung im Urkunden-,Wechsel-und Scheck-Prozeß.(ZZP,1957, H.3, S.221-233)

Göppinger,H.: Streitwert, kosten- und gebührenrechtliche Fragen bei Erledigung der Hauptsache.(AcP,1957,Bd 156, H.5,S.424-449)

Grund: Die Zwangsvollstreckung in die Abzahlungssache.(NJW,1957, H.33/34, S.1216-1218) 10

Lipschütz,K.G.: Zustellungen, Ladungen,Vorführungen und Zwangsvollstreckungen in der Bundeswehr.(DRiZ,1957, H.9, S.216-217) 4

Schneidewin,K.: Konkurrierende Wiederaufnahmegründe.(JZ,1957,H.17, S.537-539)

Walter; L.Hoepffner: Schiedsvertrag bei Konkursverfahren und bei Beantragung des Armenrechts.(MDR,1957, H.6, S.330-332)

16.Arbeitsrecht und Arbeitsgerichtliches Verfahren

Apel,G.: Mehr Angestelltensitze im Betriebsrat nur durch Gruppenwahl. (Mitbest.,1957,H.3, S.80-81)

Die Rechtsgrundlagen für die Tätigkeit der Arbeitnehmervertreter im Aufsichtsrat. (Mitbest.,1957,H.4, S.109-113) 12

Beer,H.: Die Auflösung des Gesamtbetriebsrates.(ArbuR, 1957,H.7, S.202-204)

Beitzke,G.: Zur Rechtsstellung deutscher Arbeitnehmer bei den ausländischen Streitkräften.(Betr.Verf.,1957,H.1, S.1-5)

Anfechtung einer Betriebsratswahl wegen unzulässiger Beeinflussung bei der Vorabstimmung. (Mitbest.,1957,H.3, S.82-84)

Bötticher,E.: Zur Rechtswidrigkeit von Arbeitskämpfen.(BB,1957,H.18, S.621-623)

Bovensiepen,E.: Die Zulässigkeit von Abwehrstreiks.(ArbuR,1957, H.7, S.193-197)

Bührig,E.: Das Recht der Meinungsfreiheit im Arbeitsverhältnis. (Betr.Verf.,1957, H.1, S.10-14) 4

Bürger,K.H.: Betriebsrisiko und Streik. (AG,1957,H.13/14, S.473-476)

Diekhoff,L.: Zur Nachprüfbarkeit der betriebsbedingten Kündigung. (ArbuR, 1957, H.7, S.197-200)

Fitting,K.: Die Auswirkung der Rentenreformgesetzgebung auf den betriebsverfassungsrechtlichen Angestelltenbegriff.(Betr.Verf.,1957, H.4, S.61-65) 17

Fitting,K.: Zur Beschlußfassung der großen Betriebsräte.(Betr.Verf., 1957,H.2, S.22-26)

Franke,R.: Zur Problematik des § 9 TVG. (Ablösung von Tarifordnungsbestimmungen durch Tarifvertrag).(ArbuR,1957, H.7, S.200-202)

Frey,E.: Konkurrenz von Gesetz und Tarifvertrag bei der Zuschußzahlung zum Krankengeld.(BB,1957, H.21, S.753-755) 17

Frey,E.: Der Urlaub Ausscheidender.(ArbuR,1957, H.8, S.231-234)

Das Friedensabkommen in der Schweizer Metallindustrie. (AG,1957,H.11, S.392-394)

Galperin,H.: Die Arbeitsgerichtsbarkeit als besondere Gerichtsbarkeit.(Betr.Verf.,1957, H.5, S.81-87) 9

Galperin,H.: Die Vereinheitlichung aller Gerichtsbarkeiten und die Gerichte für Arbeitssachen.(ZSR, 1957,H.5, S.133-136) 9

Geller,H.: Die Werkswohnung im Arbeitsrecht.(ArbuR,1957, H.8, S.234-239) 10

Haberkorn,H.: Einstweilige Verfügungen zum Schutze der Betriebsratstätigkeit? (Betr.Verf.,1957, H.6, S.101-105)

Hess,H.G.: Der Begriff der Schichtarbeit - Abgrenzung von Nachtarbeit und Nachtschichtarbeit.(BB,1957, H.18, S.650-651)

Heubeck,G.: Die Anpassung der betrieblichen Altersversorgung an die durch die Rentenreform veränderten Voraussetzungen.(B,1957,H.29/30, S.689-691) 6,17

Jaerisch:Zum Betriebsverfassungsrecht. Aus d.neueren Rechtsprechung d.Bundesarbeitsgerichts.(ASP, 1957,H.7, S.201-203)

Jaerisch:Zur neueren Rechtsprechung des Bundesarbeitsgerichts zum Betriebsverfassungsrecht, (ASP,1957, H.6, S.175-178)

Jaeschke,P.: Auswirkungen der allgemeinen Wehrpflicht auf das Arbeits- und Sozialrecht.(ASP,1957, H.7, S.193-198) 4,17

Joachim,H.G.: Das Bundesarbeitsgericht und die Instanzgerichte. Gedanken zur Einheit d.Arbeitsrechts.(Betr.Verf.,1957,H.5,S.87-90) 9

Kauffmann,H.: Gedanken zum internationalen Arbeitsrecht.(Betr.Verf., 1957, H.1, S.5-10) 10

Kauffmann,H.: Einstweilige Verfügungen bei Arbeitsvertragsbruch des Arbeitnehmers.(Betr.Verf.,1957, H.3, S.46-50) 15

Kauffmann,H.: Die Werkwohnung und ihre Verknüpfung mit Arbeits- und Mietrecht. (Betr.Verf.,1957,H.6, S.105-110) 10

Kettner,H.J.: Bundestag gegen Übereilung des Jugendarbeitsschutzgesetzes. (AG,1957,H.13/14, S.454-456)

Kleindienst,B.: Zur Bedeutung des § 278 BGB bei mitwirkendem Verschulden. (JZ,1957, H.15, S.457-462)

Gesetz über Lohnfortzahlung in Kraft.(AG,1957,H.13/14,S.476-478) 17

Mavridis,V.: Vor- und Nachwirkungen der Fürsorgepflicht im Arbeitsrecht.(ArbuR,1957, H.8, S.225-230)

Meissinger,H.: Arbeitnehmerähnliche Personen. (Betr.Verf.,1957,H.4, S.65-70) 12

Monjau,H.: Arbeitsverhältnis zwischen Eheleuten. (B,1957,H.34,S.821-822) 14

Monjau,H.: Die Tragweite des Arbeitsplatzschutzes nach den Kündigungsschutzgesetz.(Betr.Verf.,1957, H.4, S.70-74) 4

Müller,G.: Der Anwendungsbereich der typischen Vertragsabrede und ihre revisionsrechtliche Nachprüfung im Arbeitsgerichtsprozeß. (Betr.Verf.,1957, H.2, S.21-22)

Müller,G.: Gedanken zum Koalitionsrecht.(B,1957, H.29/30,S.718-720)

Neumann-Duesberg: Die Schweigepflicht des Betriebsrates und Personalrates. (BB, 1957, H.20, S.715-719) 5

Rothschild,K.W.: Der Lohnanteil am Gesamteinkommen.(Weltw.Arch.,1957, Bd 78,H.2, S.157-202) 1

Rüstig,H.: Die Gerichte für Arbeitssachen im Jahre 1956.(ArbuR,1957, H.7, S.204-209) 9

Sanders,B.: Die Novelle zum Kindergeldgesetz.(BB,1957,H.22, S.789-790) 17

Savaète,E.: Das Armenrecht im Verfahren vor den Gerichten für Arbeitssachen. (ArbuR, 1957,H.8, S.239-247) 15

Schelp,G.: Effekttivlohnklauseln. (Betr.Verf.,1957, H.3, S.41-46)

Schelp,G.: Aus der Rechtsprechung des Bundesarbeitsgerichts. (MDR, 1957, H.6, S.333-336)

Schlessmann,K.: Altersgrenze für Arbeitnehmer? (B,1957, H.33,S.797-798)

Schmidt,K.H.: Ansprüche nach der Urlaubsmarkenregelung im Baugewerbe, (BB,1957, H.23, S.825-827)

Simons: Die Rechtsprechung des Bundesgerichts. (Arbeitsrecht) (DRiZ,1957, H.9, S.209-211)

Teichmann,F.: Hausarbeitstag bei anderer Verteilung der Arbeitszeit und Urlaub.(Mitbest.,1957, H.4, S.123-125)

Trieschmann,G.: Schlichtung von Gesamtarbeitsstreitigkeiten in der Bundesrepublik und in den USA. (B,1957,H.28, S.685-687)

Trinkhaus: Lohnfortzahlung für Arbeiter im Krankheitsfalle.(ZSR,1957, H.7, S.195-197) 17

Weber,R.: Sicherungsmaßnahmen des Arbeitgebers gegen Abwerbung von Arbeitskräften. (AG,1957, H.12, S.426-428)

Weicken,H.: Zur Neuregelung der Vorschriften über die Beschäftigung ausländischer Arbeitnehmer.(BB,1957,H.24, S.862-863)

Weidner,P.: Das Günstigkeitsprinzip im Arbeitsrecht.(Betr.Verf.,1957, H.5, S.94-99)

Werdin,K.: Lohnausgleich oder Lohnfortzahlung? (Soz.Sicherh.,1957, H.6, S.161-163) 17

Zeuner,A.: Zum Problem der betrieblichen Übung.(BB,1957,H.18,S.647-650)

Zimmermann,W.: Wege zur Streikverhütung.(AG,1957,H.17, S.581-582)

17.Sozialrecht,Sozialgerichtsbarkeit und Verfahren

Das neue Gesetz über eine Altershilfe für Landwirte.(AG,1957,H.17, S.563-564)

Aye,H.A.: Bemerkungen zum Gesetz über die Krankenversicherung der Rentner vom 12.6.1956. (ZSR,1957, H.7 (Beil.), S.34-36)

Beck,M.: Die neuen Ruhensvorschriften.(Rentenreform)(ZSR,1957, H.5 (Beil.), S.25-27)

Beine:Ruhegeld und Lebenshaltungskosten.(NJW,1957, H.29, S.1053-1055) 16

Blobel,K.: Zusatzversorgung im öffentlichen Dienst auch nach der Rentenreform.(Soz.Sicherh.,1957, H.7, S.201-203) 5,16

Bunge,W.: Das Recht zur Nachuntersuchung in der Kriegsopferversorgung.(NJW,1957, H.32, S.1179-1181)

Debus,K.: Zulassungsvorschriften über Berufung und Revision änderungsbedürftig. (Sozialgerichtsbarkeit)(Soz.Sicherh.,1957,H.5, S.134-135)

Dietz,R.: Zum Problem der "Meistersöhne".(ASP,1957,H.6,S.161-165)

Doubrawa,K.: Die Sozialgerichtsbarkeit in der Entwicklung. (Soz.Sicherh.,1957, H.5, S.132-133)

Friede,K.: Selbstverwaltung und Staatsaufsicht in der gesetzlichen Krankenversicherung.(ZSR,1957,H.5 (Beil.), S.21-23) 5

Fülle,A.O.: Die freiwillige Weiterversicherung in den Rentenversicherungen der Arbeiter und Angestellten.(Soz.Sicherh.,1957,H.6,S.166-168)

Grömig:Zeitlicher oder ursächlicher Zusammenhang in der Kriegsopferversorgung.(ZSR,1957, H.7, S.197-200)

Hessel,P.: Autoritäre Arbeitsvermittlung? (Soz.Sicherh.,1957,H.7, S.193-195) 5

Heißmann,E.: Zur Herabsetzung von betrieblichen Ruhegeldverpflichtungen anläßlich der Rentenreform. (BB,1957,H.22, S.780-783) 6,16

Hessel,P.: Gesetz zur Verbesserung der wirtschaftlichen Sicherung der Arbeiter im Krankheitsfalle.(BB,1957, H.19, S.681-683) 16

Huber,H.: Die Arbeitskraft der Frau und der Teilarbeitsplatz. (ZSR,1957, H.7, S.203-205)

Koch,H.H.: Zum Entwurf des Unfallversicherungs-Neuregelungsgesetzes. (ZSR,1957,H.5, S.144-145; H.6, S.167-171)

Krüger,H.: Die Rechtsprechung des Bundessozialgerichts zu den Witwerrenten.(NJW,1957,H.33/34, S.1209-1212)

Laube,H.: Die Vereinheitlichung aller Gerichtsbarkeiten und die Gerichte der Sozialgerichtsbarkeit. (ZSR,1957, H.6, S.161-162)

Lücking,K.: AVAVG neuerlich geändert und ergänzt.(Soz.Sicherh.,1957, H.7, S.204-205)

Messing,A.: Das System der Altersversicherung in den Niederlanden. (ZSR,1957,H.5, S.146-147)

Morsey,F.: Soll die Aufsichtsbehörde an den Sitzungen der Organe der Versicherungsträger teilnehmen? (ASP,1957, H.7, S.203-205)

Nannenhorn,P.: Systematische Ordnung der Rehabilitation.(ASP,1957, H.6, S.170-172)

Neumann,E.: Die Rechtsstellung des Geschäftsführers einer gewerblichen Berufsgenossenschaft.(ZSR,1957,H.6 (Beil.), S.29-32)

Penquitt,N.: Zwei Jahre Rechtsprechung des BSG.(DRiZ,1957,H.6,S.136-138)

Reichenbach,B.: Labours Plan für die Altersversicherung.(Soz.Sicherh., 1957,H.6, S.171-172)

Rohwer-Kahlmann: Einheit der rechtsprechenden Gewalt oder eigenständige Sozialgerichtsbarkeit? (ZSR,1957,H.6, S.163-167) 9

Schlußstein der Rentenreform: Knappschaftsrenten neu geregelt. (Soz.Sicherh.,1957,H.5, S.130-132)

Rohwer-Kahlmann: Die neuen Rentengesetze und der soziale Rechtsstaat. (ZSR,1957, H.5, S.136-139) 4

Schilinsky,A.: Die Übergangenen der Sozialreform.(ASP,1957,H.6,S.173-174)

Schimanski,S.: Knappschaftliche Rentenversicherung neu geregelt. (Soz.Sicherh.,1957,H.6, S.175-179; H.7, S.210-214)

Schranz,E.: Ein Jahr neues Rentenversicherungsrecht in Österreich. (Soz.Sicherh.,1957, H.5, S.156-158; H.6, S.186-187)

Seiler: Die neuen Rentengesetze und die Versicherungsbehörden. T.2. (ZSR,1957, H.7 (Beil.), S.36)

Sozialgerichtsverfahren - ohne Vorverfahren! (Soz.Sicherh.,1957,H.5, S.135-139)

Die Kosten der Sozialreform und ihre Aufbringung. (AG,1957,H.15/16, S.496-497)

Sweede,I.: Dynamische Renten in England? - Der Rentenplan der Labour-Partei. (ZSR,1957, H.7, S.206-207)

Vogel,H.: Rechtsschutz gegen Entscheidungen des Arbeitsamtes. (Soz.Sicherh.,1957, H.5, S.140-142) 16

18.Internationales Privatrecht

Eisemann,F.: Nachklänge zum Caspiana-Fall.(RiW,1957, H.7, S.138-140) 12

Hoffmeyer,V.: Kann dahingestellt bleiben, welches Recht anzuwenden ist? (JZ,1957, H.15, S.467-468)

Kauffmann,H.: Die Verfolgung arbeitsrechtlicher Ansprüche im internationalen Rechtsverkehr. (Betr.Verf.,1957, H.2, S.26-30) 16

Nadelmann,K.H.: Die Vereinigten Staaten von Amerika und Abkommen über gegenseitige Vollstreckung von Urteilen.(ZZP, 1957, H.3, S.199-220) 3

Juristische Ausbildungs- und Prüfungsfragen

Brintzinger,L.: Die Fachgruppe Rechtswissenschaft zur Ausbildungsreform. (JZ,1957,H.18, S.570-571)

Klug,O.: Vorsicht mit "Wirtschafts-Referendaren"?(Mbl.freiheitl.Wipol., 1957, H.7, S.411-413)

Reinhold,J.: Reform der Juristenausbildung.(N.Gesellschaft,1957,H.3, S.214-221)

Schmölders,G.: Wirtschaftliche Bildung eine Gefahr? (Mbl.freiheitl.Wipol., 1957,H.6, S.347-348)

20.Sonstiges

Brockmann,T.: Die Entwicklung des Bundesrechts im ersten Halbjahr 1957. (DVBl.,1957, H.16, S.569-575)

Röhl,W.: Der Deutsche Juristentag. (DRiZ, 1957, H.8, S.187-188)

C. 14.(24.) VERZEICHNIS DER NEUERWERBUNGEN DER BIBLIOTHEK DES DEUTSCHEN INSTITUTS FÜR RECHTSWISSENSCHAFT 1)

1. ALLGEMEINES

1. Allgemeine und bibliographische Nachschlagewerke, Wörterbücher, Buch- und Bibliothekswesen

A legal Bibliography of the British Commonwealth of nations. Vol.1. 2 nd ed. London 1955. 687 S. V Ea 18553

Gittig, H.: Karl Liebknecht. Rosa Luxemburg. Ein Auswahlverz. d. Schriften von u.über Karl Liebknecht u.Rosa Luxemburg. Berlin 1957, 62 S. I Ea 18535

Gittig, H.: Ernst Thälmann, Kämpfer für Frieden und Freiheit. Auswahlverz.von Schriften über Ernst Thälmann. 2.erw.Aufl. Berlin 1956. 38 S. I Ea 18525

Hove, J.van: Répertoire des organismes de documentation en Belgique. Centres de documentation, bibliothèques, dépots d'archives, musées, etc. Brüssel 1947. 333 S. V Ea 16678

Roberts, H.L.: Foreign Affairs bibliography. A selected and annoted list of books on international relations 1942-1952. New York 1955. 727 S. V Eb 453

Schweizer Bücherverzeichnis. Répertoire du livre suisse. Repertorio de libro svizzero. 1951-1955. 1.Autoren-und Anonymenreihe-Stichwörter. Zürich 1956. 1139 S. V Eb 455

Liste mondiale des périodiques spécialisés dans les sciences sociales. World List of social science periodicals. Paris 1953. 161 S. V Ea 18445

Wörterbuch der Sozialpolitik zur Erl.sozialrechtlicher Begriffe. Hrsg.: W.Bökenkrüger u.H.Stempell. Köln 1956. Loseblattausg. II Ea 18567

United Nations Legislative Series. Laws and regulations on the regime of the high seas. Vol.1.2. New York 1951-1952. Vol.1: 1951. 305 S. Vol.2: 1952. 142 S. V Ea 18346

1) Die hier angezeigte Literatur ist gemäß der Benutzungsordnung der Bibliothek des Deutschen Instituts für Rechtswissenschaft, für die Mitglieder des Deutschen Institutsfür Rechtswissenschaft, Ministerien und zentrale Institutionen der Deutschen Demokratischen Republik und nach der Leihverkehrsordnung der Bibliotheken ausleihfähig.-Verzeichnis 1-10 ist enthalten im Mitteilungsblatt des Deutschen Instituts für Rechtswissenschaft 1953, Nr 1 - 1955, Nr 3.

Panstwowe wydawnictwo naukowe. (Verlagsplan für Titel und Redaktionsarbeiten des Juristischen Staatsverlags für das Jahr 1957, poln.:) Tytułow plan wydawniczy i plan prac redakcyjnych PWN na rok 1957. Warschau 1957. 128 S. IV Ea 16669

2.Biographien

Büchner,O.: Ein Sozialist erzählt. Aus d.Leben eines 92jähr. Sozialisten. Berlin 1957. 62 S. I Ea 18544

Dornemann,L.: Clara Zetkin. Ein Lebensbild. Berlin 1957. 439 S. I Ea 18536

Gemkow,H.: Paul Singer, ein bedeutender Führer d.dt.Arbeiterbewegg. Mit e.Ausw.aus seinen Reden u.Schriften. Berlin 1957. 168 S. I Ea 18464

3.Philosophie

Bychovskij, B.: (Die Hauptströmungen der gegenwärtigen idealistischen Philosophie, russ.:) Osnovnye tečenija sovremennoj idealističeskoj filosofii. Moskau 1957. 46 S. III Ea 16621

Gony,R.: La Liberté ou l'esclavage. Paris 1951. 277 S. V Ea 18335

Holbach,P.H.D.von: (Briefe an Eugenie. Der gesunde Menschenverstand, russ.:) Pis'ma k Evgenii. Zdravyj smysl. Moskau 1956. 453 S. III Ea 17768

Karst,H.;F.Beermann;F.Grosse: Menschenführung, Personalauslese, Technik in Wirtschaft und Armee. Darmstadt 1954. 260 S. II Ea 14667

Klaus,G.: Jesuiten. Gott.Materie. Des Jesuitenpaters Wetter Revolte wider Vernunft und Wissenschaft. Berlin 1957. 350 S. I Ea 18424

Lenin,W.I.: Marx - Engels - Marxismus. Grundsätzliches aus Schriften u.Reden. Berlin 1957. 570 S. I Ea 18219

Marlin,I.F.: Das Konzil der abendländischen Elite. Der Weg zur europ. Einheit. Zürich 1955. 180 S. V Ea 18633

Mehring,F.;G.Lukács: Friedrich Nietzsche. Berlin 1957. 215 S. I Ea 18696

Metzler, F.G.: Von der Wiege bis zur Bahre. Sitte u.Brauch im Menschenleben. Bregenz 1955. 119 S. V Ea 17959

Nell-Breuning,O.von: Welt im Umbruch. Gefährdg u.Selbstbehauptg d. Menschen. Kevelaer 1956. 31 S. II Ea 18384

Reiner,H.: Die Ehre. Kritische Sichtung einer abendländischen Lebens- und Sittlichkeitsform. Darmstadt 1956. 134 S. II Ea 17698

Rutkewitsch,M.N.: Die Praxis als Grundlage der Erkenntnis und als Kriterium der Wahrheit. (Aus d.Russ.übers.) Berlin 1957. 259 S. I Ea 18537

Scheler,H.: Die Stellung des Marxismus-Leninismus zur Religion. Berlin 1957. 40 S. I Ea 18463

Neues Leben - neue Menschen. Konferenz d.Lehrstuhls Philosophie d. Inst.f.Gesellschaftswissenschaften beim ZK d.SED über theoret.u. prakt.Probleme d.sozialistischen Moral am 16.u.17.April 1957. Berlin 1957. 256 S. I Ea 18530

Die Idee der deutschen Universität. Die 5 Grundschriften aus d.Zeit ihrer Neubegründg durch klassischen u.romantischen Idealismus. Darmstadt 1956. 386 S. II Ea 18327

Wetter,G.A.: Ordnung ohne Freiheit. Der dialektische Materialismus. Kevelaer 1956. 38 S. II Ea 18385

Zerle,H.: Die Kunst des Kritisierens. Kritik als Erziehungsmittel. Berlin 1957. 214 S. I Ea 18662

4.Wirtschaftswissenschaft

Aliev,G.A.: (Die Erfolge der Entwicklung der Ökonomik und der Kultur der Tadshikischen SSR, russ.:) Uspechi razvitija ekonomiki i kul'tury Tadžikskoj SSR. Moskau 1957. 31 S. III Ea 16666

Caspar,H.: Kostenbewertung und Kostenkalkulation. Bern 1952. 92 S. Bern,Jur.Fak.,Diss.vom 6.Dez. 1951 V Ea 16806

Economic Developments in Africa. 1954-1955.Suppl. to World Economic Survey, 1955. New York 1956. 100 S. V Eb 416

Economic Developments in the Middle East. 1954-1955. Suppl. to World Economic Survey, 1955. New York 1956. 151 S. V Eb 417

Ergebnisbeteiligung in der Praxis. Eine Bestandsaufnahme in Westdtschld. Bearb.v.H.Friedrichs. Essen 1956. 166 S. II Ea 18795

Filimonov,N.P.: (Der friedliche ökonomische Wettbewerb zwischen Sozialismus und Kapitalismus, russ.:) O mirnom ekonomičeskom sorevnovanii socializma i kapitalizma. Moskau 1957. 66 S. III Ea 18305

Proposals of the 8 th National Congress of the Communist Party of China for the 2 nd five-year plan for development of the national economy < 1958-1962 >. Tschou En-Lai: Report on the proposals for the 2 nd five-year plan for development of the national economy. Peking 1956. 103 S. IV Ea 16673

Gruner,E.: Die Wirtschaftsverbände in der Demokratie. Vom Wachstum d.Wirtschaftsorganisationen im schweizerischen Staat. Zürich, Stuttgart 1956. 131 S. V Ea 18635

Ratgeber für das deutsche Handwerk. Folge 3. Berlin 1957. 491 S. I Ea 18700

Höffner,J.: Das Ethos des Unternehmers. Köln 1956. 18 S. II Ea 18434

Der Imperialismus. Beitr.z.Analyse d.Monopolkapitalismus. Hamburg 1955. 101 S. II Ea 18393

Kämper,O.: Der Wohnungsbau und seine Finanzierung in den Vereinigten Staaten von Amerika. Bonn 1955. 112 S. II Ea 18627

Kleine,G.: Die leitenden Angestellten in der gegenwärtigen Wirtschaftsgesellschaft.
Köln 1955. 60 S. II Ea 18786

Livšic,R.S.: (Die Verteilung der Industrie im vorrevolutionären Russland, russ.:) Razmeščenie promyšlennosti v dorevoljucionnoj Rossii. Moskau 1955. 293 S. III Ea 15432

Malyšev,I.V.: (Die Rolle der Volksmassen in der Entwicklung der sozialistischen Produktionsmethode in der UdSSR, russ.:) Rol narodnych mass v razvitii socialističeskogo sposoba proizvodstva v SSSR. Moskau 1956. 39 S. III Ea 15671

Meinhold,W.: Volkswirtschaftspolitik. München 1955. 487 S. II Ea 18753

Mottek,H.: Wirtschaftsgeschichte Deutschlands. Ein Grundr. Bd 1. Berlin 1957. 376 S. I Ea 18545

Zur ökonomischen Konzeption der SPD. Kollektivarb.unter Leitg von H.Meissner. Berlin 1957. 244 S. I Ea 18736

Welskopf, E.C.: Die Produktionsverhältnisse im Alten Orient und in der griechisch-römischen Antike. Ein Diskussionsbeitr. Berlin 1957. 510 S. I Ea 18718

Wendt,S.: Probleme des Masseneinkommens in der neuzeitlichen Industriewirtschaft. Berlin 1956. 39 S. II Ea 18452

Der Verbrauch von Arbeitnehmerhaushaltungen. Erhebg von Wirtschaftsrechnungen 1951/52. Hrsg:Statistisches Amt d.Saarlandes. Saarbrücken 1956. 75 S. II Eb 398

5.Geschichte

Bezymenskij,A.: (Begegnungen der Komsomolzen mit Lenin, russ.:) Vstreči komsomol'cev s V.I.Leninym. Moskau 1956. 46 S. III Ea 15494

Bezymenskij,A.: (Die ersten Tagungen des Komsomols, russ.:) Na pervych s-ezdach komsomola RKSM. Moskau 1956. 60 S. III Ea 15470

Brunner,O.: Neue Wege der Sozialgeschichte. Vorträge und Aufsätze. Göttingen 1956. 256 S. II Ea 18408

Cvetkov-Prosveščenskij, A.K.: (Zwischen zwei Revolutionen 1906-1916, russ.:) Meždu dvumja revoljucijami < 1906-1916 gg >. Moskau 1957. 162 S. III Ea 18303

Dahms,H.G.: Meutereien in Brandenburg. Zur Geschichte des Linksradikalismus. Schloss Laupheim 1956. 33 S. II Ea 18694

Donova,K.;L.Pisarskaja: (Der Moskauer Kreml.Kurzer Abriss.2.erw. Aufl.,russ.:) Moskovskij Kreml'. Kratkaja spravka. 2.dop.izd. Moskau 1956. 54 S. III Ea 15442

Eggert,E.K.: (Der Kampf der Klassen und Parteien in Deutschland in den Jahren des ersten Weltkrieges < Aug.1914-Okt.1917 >, russ.:) Bor'ba klassov i partij v Germanii v gody pervoj mirovoj vojny < avgust 1914-oktjabr' 1917 >. Moskau 1957. 733 S. III Ea 18473

Gurov,P.Ja.:(Die bolschewistische Presse vor und während der Periode der ersten russischen Revolution in den Jahren 1905-1907, russ.:) Bol'ševistskaja pečat'nakanune i v period pervoj russkoj revoljucii 1905-1907 gg. Moskau 1957. 31 S. III Ea 15771

Heimpel,H.: Kapitulation vor der Geschichte? Gedanken zur Zeit. 2.Aufl. Göttingen 1957. 94 S. II Ea 18784

Hugenbergs Ringen in deutschen Schicksalsstunden. Tatsachen u.Entscheidungen in den Verfahren zu Detmold und Düsseldorf 1949/50. H.1-3. Detmold 1951. H.1: 12 S. H.2: 59 S. H.3: 94 S. II Eb 389

Izmajlov,N.F.: (Die Baltische Flotte in den Tagen des Oktobers, russ.:) Baltijskij flot v oktjabr'skie dni. Moskau 1957. 47 S. III Ea 16241

Kreibich,K.: (Wie in Deutschland der Faschismus zur Macht gelangte, tschech.:) Jak došlo v Německu k fašismu. Prag 1957. 142 S. IV Ea 18750

Ljau Gai-lung:Kurze Geschichte des chinesischen Volksbefreiungskrieges.(Aus d.Chines.übers.) Berlin 1957. 198 S.,1 Kte. I Ea 18703

Der Hochverratsprozess gegen Karl Liebknecht 1907 vor dem Reichsgericht. Verhandlgsbericht mit e.Anh. Berlin 1957. 222 S. I Ea 18737

Mark, B.: Der Aufstand im Warschauer Ghetto. Entstehg u.Verlauf. (Aus d.Poln.übers.) Berlin 1957. 428 S. I Ea 18731

Mau,H.;H.Krausnick: Deutsche Geschichte der jüngsten Vergangenheit. 1933-1945. Tübingen 1956. 206 S. II Ea 18693

Nehru,J.: Weltgeschichtliche Betrachtungen. Briefe an Indira. (Aus d.Engl.übers.) Düsseldorf 1957. 1136 S. II Ea 18540

Neurohr, J.: Der Mythos vom Dritten Reich. Zur Geistesgeschichte des Nationalsozialismus. Stuttgart 1957. 286 S. II Ea 18764

Novgorodov,A.I.: (Die Kommunistische Partei-Inspirator und Organisator des Sieges der Grossen Sozialistischen Oktoberrevolution, russ.:) Kommunističeskaja partija - vdochnovitel'i organizator pobedy Velikoj Oktjabr'skoj Socialističeskoj Revoljucii. Moskau 1957. 45 S. III Ea 16665

Roth, C.: Geschichte der Juden. Von den Anfängen bis zum neuen Staate Israel. St.Gallen 1954. 530 S. V Ea 18629

Schaumann, O.: Der Unitarismus als religiöse Gemeinschaft. Entstehg, Lehre u.Geschichte. Nürnberg 1955. 32 S. II Ea 14789

Sobolev,P.N.: (Die ärmere Bauernschaft ist der Verbündete der Arbeiterklasse in der Oktoberrevolution, russ.:) Bednejšee krest'janstvo-sojuznik rabočego klassa v oktjabr'skoj revoljucii. Moskau 1957. 39 S. III Ea 16670

6.Politik

Bautz,F.W.: Verderbliche Irrlehren. Worte d.Aufklärg u.Abwehr. Witten 1956. 45 S. II Ea 18019

Chu Gjao-Mu: (30 Jahre Kommunistische Partei Chinas, russ.:)Tridcat'let.Kommunističeskoj Partii Kitaja. Peking 1956. 125 S.
IV Ea 18235

Churchill,R.C.: Welt - wohin? Kurze Geschichte von Morgen u.übermorgen 1957-6601. Zürich 1956. 183 S. V Ea 18047

The Constitution of the Communist Party of China. Teng Hsiao-Ping: Report on the revision of the constitution of the Communist Party of China. Peking 1956. 109 S. IV Ea 16673

Duverger,M.: The political Role of women. Paris 1955. 221 S.
V Ea 18548

Erhard, L.: Wohlstand für alle. Bearb.von W.Langer. Düsseldorf 1957. 382 S. II Ea 18396

Eyermann,K.H.: Die gegenwärtige Situation im militärischen Denken der USA. Berlin 1957. 78 S. I Ea 17837

Kalinin,M.I.: (Über kommunistische Erziehung, russ.:) O kommunističeskom vospitanii. Moskau 1956. 381 S. III Ea 17306

(Statut der Kommunistischen Partei Chinas. Abänderungen im Parteistatut, russ.:) Ustav Kommunističeskoj Partii Kitaja. Ob izmenenijach v ustave partii. Peking 1956. 55 S. III Ea 16103

(Die KPdSU über die Gewerkschaften,3.erw.Aufl., russ.:) KPSS o profsojuzach.3.,dop.izd. Moskau 1957. 814 S. III Ea 18479

Lapacz,O.: Zur Überlegenheit der sowjetischen über die bürgerliche Militärwissenschaft. Berlin 1957. 31 S. I Ea 18543

Lavreckij,I.: (Vatikan, Religion, Finanzen und Politik,russ.:) Vatikan. Religija, finansy i politika. Moskau 1957. 333 S.
III Ea 18470

Lippert, P.: Zur Psychologie des Jesuitenordens. 2.Aufl. Freiburg i.Br. 1955. 131 S. II Ea 18125

Lu Ding-ji: Laßt hundert Blumen miteinander blühen! Laßt hundert Schulen miteinander streiten! Peking 1957. 45 S. IV Ea 18720

Mao Tse-tung: Pourquoi le pouvoir rouge peut-il exister en Chine? Peking 1956. 23 S. IV Ea 18167

Nell-Breuning,O.von: Wirtschaft und Gesellschaft. Bd 1. Freiburg i.Br. 1956. 461 S. II Ea 18571

Offidani,A.M.:(Die politische Wahlkapazität, ital.:) La Capacita elettorale politica. Turin 1953. 158 S. V Ea 15635

Shannon,D.A.: The Socialist Party of American. A history. New York 1955. 320 S. V Ea 18706

Weckerling, R.: Die evangelische Kirche zwischen Ost und West. Zürich 1946. 16 S. V Ea 18030

Wirsing, G.: Die Menschenlawine. Der Bevölkerungszuwachs als weltpolitisches Problem. Stuttgart 1956. 108 S. II Ea 18401

Zetkin, C.: Über Jugenderziehung. Berlin 1957. 176 S. I Ea 18658

II. RECHTSWISSENSCHAFT

1. Gesetzesmaterialien und Dokumente (auch Verfassungen und Kurzkommentare)

Aussenhandelspraxis. Die Einfuhrbedinggn d.Auslandes. Wichtige Hinweise auf Wirtschaftsstruktur, Lizenzen, Zoll, Dokumentation. Berlin 1957. Loseblattausg. I Ea 18698

AVAVG. Gesetz über Arbeitsvermittlung und Arbeitslosenversicherung. Komm.von H.Krebs. München, Berlin 1957. 735 S. II Ea 18546

Baade, H.W.: Gesetzgebung zur Förderung ausländischer Kapitalanlagen. Frankfurt/M., Berlin 1957. 89 S. II Ea 16826

Bayerisches Landesstraf-und Verordnungsgesetz mit den aufrecht erh. Best.d.Polizeistrafgesetzbuches sowie Art. 5 AGStPO u.d.einschläg. Vollzugsvorschriften. Erl.v.K. Bengl, G.Berner, E.Emmerig. München 1957. 340 S. II Ea 18628

Binnenschiffsverkehrsgesetz < Ges.über d.gewerbl.Binnenschiffsverkehr > mit d. VO über d.gebietl. Zuständigkeit d.Frachtenausschüsse u.d.Verwaltungsvorschriften. Erl.von O.Vortisch. Zugl.Nachtr.zu Vortisch-Zschucke, Binnenschiffahrts-u.Flößereirecht. 2.Aufl. Berlin 1955. 66 S. II Ea 18437

Bundesleistungsgesetz vom 19.Okt.1956 mit eingehenden Erl.f.d.Praxis, d.Rechtsverordngn, d.Fortgeltungsges.sowie Auszügen aus d.Zustellgs-u.Vollstreckungsges.u.d.Bonner u.Pariser Verträgen. Hrsg.:R.Schmidt, E.Pabst. Berlin, Frankfurt/M. 1956. 137 S. II Ea 18343

Gesetz über Massnahmen auf dem Gebiete des Mietpreisrechts. < 1.Bundesmietenges.> Komm.von Netzband u.Höffken. Hamburg 1955. Loseblattausg. II Ea 18769

Dokumente zur Deutschlandpolitik der Sowjetunion. Bd 1: Vom Potsdamer Abkommen am 2.Aug.1945 bis zur Erklärung über d.Herstellg d. Souveränität d.Deutschen Demokratischen Republik am 25.März 1954. Berlin 1957. 584 S. I Ea 18779

Eisenbahn-Verkehrsordnung- Anl.C - Vorschriften über d.nur bedingt zur Beförderg zugelassenen Stoffe u. Gegenstände idF.vom 1.März 1957. Berlin 1957. 164 S. I Ea 18796

Erdmann, G.: Die Entwicklung der deutschen Sozialgesetzgebung. 2.erw. Aufl. Göttingen 1957. 405 S. II Ea 18758

Forsthoff, E.: Öffentliches Recht. Sammlg staats-u.verwaltungsrechtl. Gesetze. Vornehml.f.d.akad.Unterricht. Stuttgart 1956. 732 S. II Ea 18457

Dokumentation von Gesetzen und Verordnungen aus Forstwirtschaft, Forstverwaltung, Holzschutz, Jagdwesen, Naturschutz der Deutschen Demokratischen Republik. Hrsg.v.H.Grafe,E.Kienitz.< Nach d.Stand vom 1.Jan.1957.> Berlin 1957. 315 S. I Ea 18529

Deutscher Paritätischer Wohlfahrtsverband. Denkschrift zu einem neuen Gesetz zum Schutze der arbeitenden Jugend. Frankfurt/M. 1956. 8 S. II Eb 461

Glondajewski,G.: Die Neubauer-Poser-Gruppe. Dokumente u.Materialien d.illegalen antifaschist.Kampfes < Thüringen 1939 bis 1945 >. Berlin 1957. 128 S. I Ea 18780

Statut der Hochschule für Außenhandel Berlin-Staaken. Berlin 1957. 16 S. I Ea 16691

Das Lebensmittelgesetz mit den wichtigsten Verordnungen und neuen Anordnungen der DDR mit kurzen Erl.nach dem Stande vom 1.Mai 1957 von G.Farchim. Berlin 1957. 82 S. I Ea 18777

Muthesius,H.: Bundesrechtliche Grundlagen der öffentlichen Fürsorgepflicht. 5.,neubearb.Aufl. Köln,Berlin 1955. 159 S. II Ea 18454

Palandt: Bürgerliches Gesetzbuch mit Einführgsges.,Verschollenheitsges.,Abzahlgsges.,Wohnungseigentumsges.,Schiffsrechteges.,Eheges., MRG 52 u.53, Besatzungschädenges.,Stationierungsschäden-Regelg u. anderen einschläg.Vorschriften, bearb.von B.Danckelmann u.a. 16., neubearb.Aufl. München,Berlin 1957. 2095 S. II Ea 18792

Retail,L.: Code annoté de l'expertise et de l'arbitrage. Paris 1954. 235 S. V Ea 18782

Ruby,M.: L'Evolution de la nationalité allemande d'après les textes < 1842 à 1953 >. Etude des problèmes de nationalité en Allemagne occidentale au cours des vingt dernières années et Recueil des 140 principaux textes sur la nationalité allemande promulgués de 1842 à 1953 <en allemand et en français >. Baden-Baden 1954. 912 S. II Eb 447

Soldatengesetz und Verordnung über die Regelung des militärischen Vorgesetztenverhältnis. Erl.von W.Sicherer. Berlin,Frankfurt/M. 1956. 211 S. II Ea 18622

Zweites Gesetz zur Regelung von Fragen der Staatsangehörigkeit vom 17.Mai 1956 <BGBl.I S.431 >. Erl.von W.Hoffmann. Stuttgart 1956. 108 S. II Ea 18398

(Strafgesetzbuch,Strafprozeßordnung und die damit zusammenhängenden Vorschriften, tschech.:) Trestní zákon,trestni řád a předpisy souvisící. Prag 1957. 619 S. IV Ea 16697

(Strafgesetzgebung ausländischer sozialistischer Staaten. Albanische Volksrepublik. Deutsche Demokratische Republik, Bulgarische Volksrepublik,russ.:) Ugolovnoe zakonodatel'stvo zarubežnych socialističeskich gosudarstv.Narodnaja Respublika Albanija. Germanskaja Demokratičeskaja Respublika. Narodnaja Respublika Bolgarija. Moskau 1956. 119 S. III Eb 451

(Strafgesetzgebung ausländischer sozialistischer Staaten. Chinesische Volksrepublik. Koreanische Volksdemokratische Republik. Mongolische Volksrepublik. Demokratische Republik Vietnam, russ.:) Ugolovnoe zakonodatel'stvo zarubežnych gosudarstv. Kitajskaja Narodnaja Respublika. Korejskaja Narodno-Demokratičeskaja Respublika. Mongolskaja Narodnaja Respublika. Demokratičeskaja Respublika V'etnam. Moskau 1957. 90 S. III Ea 443

(Strafgesetzgebung ausländisch-sozialistischer Staaten. Föderative Volksrepublik Jugoslawien, russ.:) Ugolovnoe zakonodatel'stvo zarubežnych socialističeskich gosudarstv. Federativnaja Narodnaja Respublika Jugoslavija. Moskau 1957. 81 S. III Eb 439

(Strafgesetzgebung ausländischer sozialistischer Staaten, Rumänische Volksrepublik, russ.:) Ugolovnoe zakonodatel'stvo zarubežnych socialističeskich gosudarstv. Rumynskaja Narodnaja Respublika. Moskau 1956. 99 S. III Eb 449

(Strafgesetzgebung ausländischer sozialistischer Staaten. Tschechoslowakische Republik, russ.:) Ugolovnoe zakonodatel'stvo zarubežnych socialističeskich gosudarstv.Čechoslovackaja Respublika. Moskau 1957. 65 S. III Eb 441

Strafrechtsänderungsgesetz vom 30.Aug.1951 < BGBl.I 739 > u.Gesetz zum Schutze der persönlichen Freiheit v.15.Juli 1951 < BGBl.I 448 > nebst Materialien. Erl.v.R.Lange. Zugl.Nachtr.zu Kohlrausch-Lange Strafgesetzbuch,39./40.Aufl. Berlin 1952. 56 S. II Ea 18342

(Verfassung der Föderativen Volksrepublik Jugoslawien. 3.Aufl.,slowen.:) Ustav Federativne Narodne Republike Jugoslavije.3.izd. Belgrad 1956. 134 S. IV Ea 15905

Vogels,A.: Das Landesrecht in Nordrhein-Westfalen. Sammlg aller seit Kriegsende f.d.Land Nordrhein-Westfalen erlassenen Gesetze u.Rechtsverordngn sowie d.wichtigsten Verwaltungs-Vorschriften mit Einf., Erl.u.rechtsverbindenden Hinweisen. Bd 1-6. Stuttgart,Köln 1955. Loseblattsammlg. 6 Bände. II Ea 18768

(Gesetzessammlung über die jugoslawische Volksarmee, serbokroat.:) Zbirka zakona o jugoslovenskoj narodnoj armiji. Belgrad 1955. 332 S. IV Ea 15890

Wechselgesetz und Scheckgesetz mit Nebengesetzen. Von A.Baumbach. 5.,neubearb.Aufl.von W.Hefermehl. Stand vom 1.Mai 1957. München, Berlin 1957. 456 S. II Ea 18671

Wehrpflichtgesetz mit Erfassungsvorschriften. Textausg. Mit Erl. von Hausen u.Lindemann. München 1956. 91 S. II Ea 18430

Richtlinien über die Förderung des sozialen Wohnungsbaues in Hessen. Vom 8.Dez.1954 < St.Anz.S.1140 ff.> u.1.Wohnungsbauges.< WoBauG > i.d.F.vom 25.Aug.1953 < BGBl. I S 1047 > mit allen einschläg.Nebenbest. Erl.von H.Vetter. Wiesbaden,Mainz 1955. 136 S. II Ea 18692

2.Rechtswissenschaft allgemein

Kagan,K.K.: Three great Systems of jurisprudence. London 1955. 199 S. V Ea 18637

Mellor,J.L.: The Law. London 1955. 234 S. V Ea 18002

Polska Akademia Nauk. Komitet Nauk Prawnich.(Zehn Jahre Recht Volkspolens 1944 - 1954. Sammlung von Studien,poln., Dziesieciolecie prawa Polski Ludowej 1944-1954. Zbior studiów. Warschau 1955. 382 S.
IV Ea 17077

3.Staats-und Rechtstheorie

Bernanos,G.: Freiheit, wozu? Ein Pamphlet f.d.Jugend Europas. Augsburg, Basel 1955. 84 S. II Ea 17729

Bljumin,I.G.;I.N.Dvorkin: (Der Mythos vom "neuen Kapitalismus", russ.:) Mif o "narodnom kapitalizme". Moskau 1957. 118 S.
III Ea 18361

Calamandrei,P.:(Prozess und Demokratie, ital.:) Processo e democrazia. Padua 1954. 171 S. V Ea 15633

Carlston,K.S.: Law and structures of social action. London 1956. 288 S. V Ea 18554

Česnokov, D.: (Was ist das - Staat? russ.:)Čto takoe gosudarstvo. Moskau 1955. 95 S. III Ea 16721

Dvorkin,I.: (Über die friedliche Zusammenarbeit im Sozialismus und Kapitalismus, 2.erw.Aufl.,russ.:) O mirnom sosuščestvovanii socializma i kapitalizma. 2 dop.izd. Moskau 1956. 143 S. III Ea 17308

Frey, A.: Der Katholizismus im Angriff. Zürich 1948. 96 S.
V Ea 18027

Gesellschaftliche Ordnungssysteme. Hrsg.v.O.von Nell-Breuning, H.Sacher. Lfg 1.2. Freiburg 1956. 2 Bde Lfg 1: 220 Sp. Lfg 2: Sp. 221-482. II Eb 415

Grégoire,R.: La Fonction publique. Paris 1954. 353 S. V Ea 18789

Gubanov,N.I.: (Der sowjetische Patriotismus-die grosse Kraft im Kampfe für den Kommunismus, russ.:) Sovetskij patriotizm - velikaja sila v bor'be za kommunizm. Moskau 1955. 38 S. III Ea 15404

Häring,B.: Der Christ und die Obrigkeit. Augsburg 1956. 60 S.
II Ea 18018

Hamel,W.: Die Bedeutung der Grundrechte im sozialen Rechtsstaat. Eine Kritik an Gesetzgebg u.Rechtssprechg. Berlin 1957. 64 S.
II Ea 18761

Jičínský,Z.: (Die Entstehung des tschechoslowakischen volksdemokratischen Rechts und der bürgerlichen Theorie der rechtlichen Kontinuität, tschech.:) Vznik československého lidově demokratického práva a buržoasní theorie "právni Kontinuity". Prag 1955. S.91-228.- Universitas Carolina. Juridica Nr.2(15), Vol.1.
IV Ea 15499

Jouvenel,B.de: De la Souveraineté. A la recherche du bien politique. Paris 1955. 376 S. V Ea 18797

Kapyrin,P.I.: (Die sozialistischen Nationen -Nationen höheren Typs, russ.:) Socialističeskie nacii-nacii novogo tipa. Moskau 1957. 95 S. III Ea 18563

Kardelj, E.: (Die sozialistische Demokratie in der jugoslawischen Praxis, serbokroat.:) Socijalistička demokratija u jugoslovenskoj praksi. Belgrad 1955. 60 S. IV Ea 15903

Kerimov, D.A.: (Die Gewährleistung der Gesetzlichkeit in der SSSR, russ.:) Obespečenie zakonnosti v SSSR. Moskau 1956. 165 S. III Ea 16717

Kirchner, R.: Die Legende vom Volkskapitalismus. Berlin 1957. 48 S. I Ea 18661

Koval'čuk, A.S.: (Die Besonderheiten des Ueberganges von der alten zur neuen Qualität in der Entwicklung der sozialistischen Gesellschaft, russ.:) Osobennosti perechoda ot starogo kačestva k novomu v razvitii sovetskogo obščestva. Moskau 1956. 47 S. III Ea 15379

Kovács, I.: (Die Krise der bürgerlichen Verfassungsmäßigkeit, ungar.:) A burzsoá alkotmányosság válsága. Budapest 1953. 243 S. IV Ea 16275

Lippmann, W.: Die Gesellschaft freier Menschen. (Aus d.Engl.übers.) Bern 1945. 510 S. V Ea 18107

Maritain, J.: Les Droits de l'homme et la loi naturelle. Paris 1947. 116 S. V Ea 18785

Die menschliche Verantwortung füreinander. Vortragsreihe d.5.Katholischen Sozialen Woche 1955 in München. Hrsg.: Arbeitsgemeinschaft d.Katholischen Sozialen Woche. Augsburg 1956. 192 S. II Ea 18009

Muthesius, V.: Moral des Geldes. Frankfurt/M. 1956. 136 S. II Ea 17249

Niemöller, M.: Über die deutsche Schuld, Not und Hoffnung. Zürich 1946. 47 S. V Ea 18031

Northrop, F.S.C.: Begegnung zwischen Ost und West. Verständnis u. Verständigg. (Aus d.Engl.übers.) München 1951. 470 S. II Ea 17803

O'Brian, J.: National Security and individual freedom. Cambridge, Mass. 1955. 84 S. V Ea 18709

Salès, E.: Wandlung oder Umsturz. Individualität-Gemeinschaft-Kollektivismus. Innsbruck 1955. 180 S. V Ea 17917

Satter, H.: Deutschland - ohne Feigenblatt. Überraschende Ergebnisse d.Meinungsforschg. München 1956. 219 S. II Ea 17215

Vsesojuznoe obščestvo po rasprostraneniu političeskich i naučnych znanij. (3.Internationaler Soziologenkongress, russ.:) III.meždunarodnyj kongress sociologov. Moskau 1957. 61 S. III Ea 16667

Szabó, I.: (Die bürgerliche Staats-und Rechtsphilosophie in Ungarn, ungar.:) A burzsoá állam-és jogbölcselet magyaroszágon. Budapest 1955. 533 S. IV Ea 16272

Tumanov, V.A.: (Die Kritik der gegenwärtigen bürgerlichen Rechtstheorie, russ.:) Kritika sovremennoj buržuaznoj teorii prava. Moskau 1957. 174 S.

Tunc,A.;S.Tunc: (Das Recht der Vereinigten Staaten von Amerika, Quellen und Technik, span.:) El derecho de los Estados Unidos de America. Instituciones judiciales, fuentes técnicas. (Aus d.Französ. übers.) Mexiko 1957. 674 S. V Ea 16797

(Studien von Staat und Recht der ungarischen Räterepublik, ungar.:) Tanulmányok a magyar tanácsköztársaság államáról és jogáról. Budapest 1955. 167 S. IV Ea 16266

Wolgast,E.: Die Rückständigkeit der Staatslehre. Studien zur Auswärtigen Gewalt des Staates. Wiesbaden 1956. 127 S. II Ea 18392

4.Geschichte der Staats-und Rechtstheorie

Heintz,P.: Die Autoritätsproblematik bei Proudhon. Versuch e.immanenten Kritik. Köln 1957. 222 S. II Ea 18794

Mornand,P.: L'Enigme Robespierre. Paris 1952. 304 S. V Ea 18788

Schreihage,H.: Thomas Hobbes' Sozialtheorie. Leipzig 1933. 53 S. Ea 18616

5.Staats-und Rechtsgeschichte

The Babylonian laws. Ed.with translation and commentary by G.R.Driver and J.C.Miles. Vol. 1.2. Oxford 1952-55. Vol.1: 1952. 517 S. Vol.2: 1955. 426 S. V Ea 18348

Archivnyj otdel MVD Kabardinskoj ASSR. Kabardinskij naučno-issledovatel'skij institut.(Material über das Gewohnheitsrecht der Kabardinen, russ.:) Materialy po obyčnomu pravu Kabardincev.Sobral B. A. Gardanov. Naltschik 1956. 426 S. III Ea 15853

Hellbling,E.C.: Österreichische Verfassungs-und Verwaltungsgeschichte. Ein Lehrb.f.Studierende. Wien 1956. 552 S. V Ea 18689

Kemény,G.G.: (Schriften zur Geschichte der nationalen Frage in Ungarn zur Zeit des Dualismus, ungar.:) Iratok a nemzetiségi kérdés történetéhez magyarországon a dualizmus korában.Bd 1.2. Budapest 1952-1956. Bd 1: 1952. 919 S. Bd 2: 1956. 967 S. IV Eb 431

Das Königstum.Seine geistigen u.rechtl.Grundlagen. Mainauvorträge 1954. Lindau,Konstanz 1956. 305 S. V Ea 18691

Sidler,R.: Die schwyzerische Unterallmeindkorporation in ihrer rechtlichen Abgrenzung gegenüber dem alten und neuen Lande Schwyz seit 1353. o.O.1956. 96 S.- Zürich,Jur.Fak.,Diss.vom 25.Febr. 1956 V Ea 16629

Walker,E.A.: The British Empire. Its structure and spirit 1497-1953. 2 nd and extend.ed. Cambridge 1953. 352 S. V Ea 18726

Weise,E.: Das Widerstandsrecht im Ordenslande Preußen und das mittelalterliche Europa. Göttingen 1955. 327 S. II Ea 18407

6.Völkerrecht und Außenpolitik

Albrecht,D.: Der chinesisch-japanische Konflikt und das Völkerrecht. Leipzig 1933. 164 S. Ea 18509

Ascher, A.: Wesen und Grenzen der internationalen Schiedsgerichtsbarkeit und Gerichtsbarkeit als Grundlage für das Völkerrecht der Zukunft. Leipzig 1929. 90 S. Ea 18501

Austin,W.R.: World stability through the United Nations. Washington 1947. 18 S. V Ea 16921

Bardeleben,H.von:Die zwangsweise Durchsetzung im Völkerrecht. Leipzig 1930. 90 S. Ea 18610

Biesel,E.: Die völkerrechtliche Stellung des Saargebiets. Leipzig 1929. 135 S. Ea 18502

Binter,R.: Das Verhältnis von Vermittlung und Schiedsgerichtsbarkeit nach dem Völkerbundspakt Art.11-13,15. Leipzig 1929. 65 S. Ea 18500

Bückling, G.: Der Diktatsvertrag und das europäische Völkerrecht. Leipzig 1935. 112 S. Ea 18487

Bussmann,O.: Der völkerrechtliche Garantievertrag insbes.seit d. Entstehung des Genfer Völkerbundes. Leipzig 1927. 66 S. Ea 18497

Céré,R.: La Technique de la paix l'Europe. Paris,Limoges,Nancy 1954. 198 S. V Ea 18787

Chen,Ti-chiang: The international Law of recognition. With special reference to practice in Great Britain and the United States. Ed.by L.C.Green. London 1951. 461 S. V Ea 18602

Chowdhuri,R.N.: International Mandates and trusteeship systems. A comparative study. Den Haag 1955. 328 S. V Ea 18641

Coenen,H.W.: Das Küstenmeer im Frieden. Leipzig 1933. 119 S. Ea 18507

Dubois,B.: Die Frage der völkerrechtlichen Schranken landesrechtlicher Regelung der Staatsangehörigkeit. Bern 1955. 65 S. V Ea 18626

Elwell-Sutton,L.P.: (Das iranische Erdöl. Zur Geschichte der "Politik der Stärke",russ.:) Iranskaja neft'.K istorií "Politiki sily". (Aus d.Engl.übers.) Moskau 1956. 423 S. III Ea 18138

Florinsky,M.T.: Integrated Europe? New York 1955. 182 S. V Ea 18705

Friedmann,W.: The Allied Military Government in Germany. London 1947. 362 S. V Ea 18591

Hill,M.: Immunities and privileges of international officials. The experience of the League of Nations. New York 1947. 281 S. V Ea 18595

Hill,M.: The economic and financial Organization of the League of Nations. A survey of 25 years' experience. Washington 1946. 168. S. V Ea 18573

Honig,J.P.: The legal Status of aircraft. S.-Gravenhage 1956. 214 S.- Leiden,Jur.Fak.,Diss.vom 13.Juni 1956 V Ea 16695

Institutes of International Affairs. Carnegie Endowment for international peace. New York 1953. 131 S. V Ea 18585

Institutes and their publics. Proceedings of the International Conference of Institutes of International Affairs. New York, Oct.1953. New York 1953. 156 S. V Ea 18584

Problems in international relations. Ed.:Gyorgy and H.S.Gibbs. Engelwood Cliffs 1956. 330 S. V Ea 18444

Kauffmann,S.: Die Immunität der Nicht-Diplomaten. Ein Beitr.z.Kodifikation d.Völkerrechts. Leipzig 1932. 159 S. Ea 18505

Kaufmann,P.: Die Fortbildung der internationalen Schiedsgerichtsbarkeit seit dem Weltkrieg bes.durch d.Locarno-Pakt.Leipzig 1927. 77 S. Ea 18496

Koch,N.: Über die christliche Art Krieg zu führen. Zwei Briefe und drei Gutachten zur katholischen Kriegstheorie in Deutschland. Dortmund 1955. 7 S. II Ea 17129

Leonhard,L.L.: International Regulation of fisheries. Washington 1944. 201 S. Ea 18603

Lissitzyn,O.J.: The International Court of Justice. Its role in the maintenance of International Peace and Security. New York 1951. 118 S. V Ea 18580

Marburg,E.: Der rumänisch-ungarische Optantenstreit vor dem Gemischten Schiedsgericht und dem Völkerbund. Zuzügl.e.Beitr.z.Lehre von d.Enteigng im Völkerrecht. Leipzig 1928. 113 S. Ea 18609

Martin,A.;J.B.S.Edwards: The Changing charter. A study in the reform of the United Nations. London 1955. 128 S. V Ea 18712

Um die Erklärung der Menschenrechte. Ein Symposion. Mit e.Einf.von J.Maritain. Zürich,Wien,Konstanz 1951. 388 S. V Ea 18630

Morawiecki,W.: (Der Streit um die Definition der Aggression im internationalen Recht, poln.:) Walka o definicje agresji w prawie międzynarodowym. Warschau 1956. 422 S. IV Ea 18236

Moritz,G.: Gerichtsbarkeit in den von Deutschland besetzten Gebieten 1939-1945. Tübingen 1955. 241 S. II Eb 448

Mousset,A.: The World of the slavs. London 1950. 204 S.V Ea 18581

Niedermayer, H.: Das völkerrechtliche Nicht-Urteil, Normen u. Methode seiner Feststellg. Auf Grund e.Kritik d.Urteils d.dt.-franz. Gemischten Schiedsgerichts v.8.April 1929 < Chemin de fer du nord c.Etat allemand, Aktenzeichen S III 974 >. Leipzig 1931. 60 S. Ea 18503

Noack,U.: Wie kann der Frieden lebendig werden. Organische Erneuerung d.UNO auf d.Grundlage von 10 regionalen Friedenskreisen. Würzburg 1954. 23 S. II Ea 18631

Palmer,N.D.;H.C.Perkins: International Relations. The world community in transition. 2 nd ed. London 1957. 870 S. V Ea 18601

Rautenkranz, H.: Die völkerrechtliche Ordnung des Verkehrs in der Ostsee. Leipzig 1934. 62 S. Ea 18490

Riesenfeld,S.A.: Protection of coastel fisheries under international law. Washington 1942. 296 S. Ea 18588

Roth,A.: Das völkerrechtliche Delikt vor und in den Verhandlungen auf der Haager Kodifikationskonferenz 1930. Leipzig 1932. 188 S. Ea 18506

Schatzschneider, H.: Die neue Phase der Monroediktrin angesichts der kommunistischen Bedrohung Lateinamerikas. Unter bes.Berücks. d.Falles Guatemala vor d.Organisation Amerikanischer Staaten u.den Vereinten Nationen. Göttingen 1957. 80 S. II Ea 16825

Schmid,J.H.: Die völkerrechtliche Stellung der Partisanen im Kriege unter bes.Berücks.d.persönl.Geltungsbereiches d.Genfer Konventionen zum Schutze d.Kriegsopfer vom 12.Aug.1949. Zürich 1956. 196 S. V Ea 18634

Schütz,W.W.: Organische Aussenpolitik. Vom Einzelstaat zum Überstaat. Stuttgart 1951. 216 S. II Ea 18576

Schwarzenberger,G.: A Manual of international law. 3rd ed. London 1952. 441 S. V Ea 18596

Shotwell,J.T.;M.Salvin: Lessons on security and disarmament from the history of the League of Nations. New York 1949. 149 S. V Ea 18578

Siegler, H.von: Wiedervereinigung und Sicherheit Deutschlands. Eine dokumentarische Diskussionsgrundlage. Bonn 1956. 112 S. II Ea 18760

Skorodum,S.A.;A.L.Ugrjumov:(Der 20.Parteitag der KPdSU über die grundsätzliche Frage der gegenwärtigen internationalen Entwicklung russ.:) XX.s-ezd KPSS o korennych principial'nych voprosach sovremennogo meždunarodnogo razvitija. Moskau 1956. 55 S. III Ea 18140

Smirnov,J.;V.Sofinskij: (Die SEATO - der Aggressivblock der Kolonialmächte, russ.:) SEATO-agressivnyj blok kolonial'nych deržav. Moskau 1957. 142 S. III Ea 18308

Smith,H.A.: The Crisis in the law of nations. London 1947. 102 S. V Ea 18577

Sorokin,P.A.: Russia and the United States. 2nd ed. London 1950. 213 S. V Ea 18575

Sottile,A.: Compétence de l'Assemblée Générale pour l'admission d'un Etat aux Nations Unies. Competence of the General Assembly for the admission of a state to United Nations. Genf 1950. 26 S. Aus: Revue de droit international de sciences diplomatiques et politiques 195o. Nr.2 V Eb 463

Draft Treaty embodying the Statute of the European Community presented to the Assembly by the Constitutional Committee. P.l. Paris 1953. 66 S. V Eb 761

Steinlein,W.: Der Begriff des nicht herausgeforderten Angriffs in Bündnisverträgen seit 1870 und insbes.im Locarno-Vertrag. Leipzig 1927. 134 S. Ea 18499

Strupp,K.: Das Recht des internationalen Richters nach Billigkeit zu entscheiden. Leipzig 1930. 175 S. Ea 18612

Sturm,E.: Das Kontinentalschelf. Kiel 1957. 157 S. II Eb 812

Winkler,C.H.: Verträge zu Gunsten und zu Lasten Dritter im Völkerrecht. Leipzig 1932. 124 S. Ea 18607

7.Staatsrecht

Alessio,G.: (Die Krise des parlamentarischen Staates und der Beginn des Faschismus,ital.:) La Crisi dello stato parlamentare e l'avvento del fascismo. Padua 1949. 58 S. V Ea 15630

Ananov,I.N.: (Die örtlichen Sowjets der Deputierten der Werktätigen in der gegenwärtigen Etappe, russ.:) Mestnye sovety deputatov trudjaščichsja na sovremennom etape. Moskau 1957. 29 S. III Ea 16232

Avakov,R.: (Marokko, russ.:) Marokko. Moskau 1957. 93 S. III Ea 18240

Bem,J.: (Über die nationale Erhebung in Polen, poln.:) O powstaniu narodowym w Polsce. Warschau 1956. 215 S. IV Ea 17244

Bothe,H.: Der Staatsrat in Frankreich. Ein Beitr.zu d.Problem d. Rechtsstaates. Leipzig 1935. 77 S. Ea 18488

Brouwer,J.: (Die Nationalität der verheirateten Frau in Belgien und in den Niederlanden, holländ.:) De Nationaliteit van de gehuwde vrouw in Belgie en in Nederland. Assen 1955. 237 S. Leiden,Rechtswiss.Fak.,Diss.vom 28.Sept.1955 V Ea 16692

Wer regiert in Bonn? Die wahren Herren der Bundesrepublik. Hrsg.: Ausschuss für Deutsche Einheit. Berlin 1957. 204 S. I Ea 18776

Čulinocić,F.: (Die Entwicklung des jugoslawischen Föderalismus, serbokroat.:) Razvitak jugoslavenskog federalizma. Zagreb 1952. 167 S. IV Ea 16252

IV. Bundeskongress der Domowina. Ausz.aus d.Protokoll.2.Aufl. Bautzen 1957. 150 S. I Ea 18663

Doswald,H.: Die Jesuitengesetzgebung der schweizerischen Bundesverfassung. Winterthur 1956. 67 S. Zürich,Jur.Fak.,Diss. V Ea 18623

Galeotti, S.: The judical Control of public authorities in England and in Italy. London 1954. 253 S. V Ea 18589

Gerst,W.K.: Bundesrepublik Deutschland unter Adenauer. Berlin 1957. 443 S. I Ea 18740

Giese,F.;E.Schunck;K.Winkler: Verfassungsrechtssprechung in der Bundesrepublik. Entscheidungssammlung. Frankfurt/M. 1956. Loseblattausg. II Ea 18410

Grosser,A.: Western Germany. From defeat to rearmament.(Aus d.Französ.übers.) London 1955. 249 S. V Ea 18724

Jacobs,C.E.: Law Writers and the Courts. The influence of Thoms M.Cooley,Chr.G.Tiedemann,and J.F.Dillon upon American constitutional law. Berkelay 1954. 223 S. V Ea 18756

Kilpin,R.:Parliamentary Procedure in South Africa. A short guide to the rules and practice of the Union House of Assembly. 3rd ed. Cape Town,Johannisburg 1955. 179 S. V Ea 18640

Köhler,T.:Versammlung und Disskussion. Ein Wegweiser f.d.korrekte Leitg von Versammlgn,Aufzügen, Sitzgn,Beratgn u.Diskussionen. 2. erg.Aufl.unter Berücks.d.Ges.f.Versammlgn u.Aufzüge v.24.Juli 1953. Kevelaer 1956. 31 S. II Ea 18386

Kovács,I.: (Die Bedeutung der Abgrenzung der Befugnisse in den Räteorganisationen und die Vielfalt der Verbindungen zu den Massen, ungar.:) A hatáskörök elhatárolásának és a tömegkapcsolatok differenciálásának jelentösége a tanácsi szervezethen. Budapest 1955. 21 S. IV Ea 16279

Kovács,I.: (Die theoretischen Grundlagen der Weiterentwicklung unserer Räte, ungar.:) Tanácsaink továbbfejlesztésének elméleti alapjairól. Budapest 1955. 29 S. IV Ea 16276

Kuhn,M.: Das Prinzip der Einheit der Materie bei Volksinitiativen auf Partialrevision der Bundesverfassung.< Ein Beitr.z.d.Problemen d.Volksinitiativrechtes im Bund.> Winterthur 1956. 180 S. Zürich,Jur.Fak.,Diss.von 1956 V Ea 18624

Lebedev,E.A.: (Jordanien im Kampf um die Unabhängigkeit, russ.:) Jordanija v borb'e za nezavisimost. Moskau 1956. 127 S. III Ea 17548

Majda,S.: (Die Enteignung im Rechtssystem der Föderativen Volksrepublik Jugoslawien, slowen.:) Razlastitev v pravnem sistemu Federativne Ljudske Republike Jugoslavije. Ljubljana 1954. 95 S.- Laibach,Jur.Fak.,Diss.vom 14.Juni 1954 IV Ea 15590

Mannl,H.: Die Einwanderung nach Frankreich und ihre rechtliche Regelung Leipzig 1933. 110 S. Ea 18494

Müller,G.: Die staatsrechtliche Sonderstellung Schottlands. Leipzig 1933. 113 S. Ea 18483

Oehme,A.H.: Die Wandlung der rechtlichen Stellung Ägyptens im Britischen Reich. Leipzig 1936. 88 S. Ea 18484

Pak Don Din: (Korea lebt, russ.:) Koreja vozroždaetsja. Kiew 1956. 54 S. III Ea 17779

Rechtliche Ordnung des Parteiwesens. Probleme e.Parteiengesetzes. Bericht d.vom Bundesminister d.Inneren eingesetzten Parteienrechtskommission. Frankfurt/M.,Berlin 1957. 246 S. II Ea 18805

Pfeiffer,C.: Das Problem der effekttiven Staatsangehörigkeit im Völkerrecht. Leipzig 1933. 54 S. Ea 18492

Pičugina,E.P.: (Das Recht auf Bildung in der UdSSR, russ.:) Pravo na obrazovanie v SSSR. Moskau 1957. 118 S. III Ea 18302

Potter,A.M.: American Government and politics. London 1955. 318 S. V Ea 18723

Raddatz,K.: Die Bundeswehr-Armee der Verteidigung? Die westdt.NATO-Armee - Instrument des USA-Imperialismus. Berlin 1957. 109 S. I Ea 18702

Reintanz,G.: Der Staatsaufbau der Indischen Union. Mit 2 Ktn zur Staatengliederg u.Ausz.aus d.Verfassg d.Indischen Union. Berlin 1957. 95 S. I Ea 16992

Ustav dějin komunistické strany československa. (Zum Schutze der Republik, gegen Faschismus und Krieg, tschech.:) Na obranu republiky, proti fašismu a valce. Prag 1955. 545 S. IV Ea 18239

Rossillion,C.: Le Régime législatif de la France d'Outre-mer. Departements d'Outre-mer, Algérie territoire d'Outre-mer, territoires sous tutelle. Paris 1952. 205 S. V Ea 18451

Staatspolitik prägt Beamtenpolitik. Vorträge auf d.Arbeitstagg d. Landesbundes Nordrhein-Westfalen im Dt.Beamtenbund in Duisburg-Wedau. Köln 1956. 61 S. II Ea 18433

Sulzer,H.G.: Die Wehrverfassung der Schweiz. Leipzig 1932. 115 S. Ea 18491

Der Versicherungsschutz der VEAB. Hrsg.: Regierung der DDR. Staatssekr.f.Erfassung u.Aufkauf landwirtschaftl.Erzeugnisse, Abt. Kader u.Schulung. Berlin 1956. 39 S. I Ea 16698

Vyšinskij,A.J.: (Gerichtsreden, 4.Aufl.,russ.:) Sudebnye reči. 4.izd. Moskau 1955. 566 S. III Ea 16857

Wade,E.C.S.;G.G.Phillips: Constitutional Law. An outline of the law and practice of the constitution,incl.central and local government and the constitutional relations of the British Commonwealth. 5 th ed. London 1957. 538 S. V Ea 18727

Die Wahlbewegung mit der Verwirklichung der Richtlinien des Nationalrates verbinden. Aus d.prakt.Arbeit örtl.Staatsorgane. Berlin 1957. 44 S. I Ea 18222

Wahlen zu den örtlichen Volksvertretungen 1957. Mit d.Ref.W.Ulbrichts auf d.Tagg.d.Nationalrates d.Nationalen Front d.Demokrat.Deutschland. Berlin 1957. 92 S. I Ea 17932

(Antworten auf Fragen der Werktätigen, russ.:) Otvety na voprosy trudjaščichsja. Moskau 1956. 63 S. III Ea 17769

Wittig,G.: Grundrechte und Grundpflichten der Bürger der Deutschen Demokratischen Republik. Lesematerial f.Schüler. Berlin 1956. 95 S. I Ea 18063

7a.)Kirchenrecht

Geiger,M.: Wesen und Aufgabe kirchlicher Ordnung. Zürich 1954. 54 S.
V Ea 18025

Steck,K.G.: Recht und Grenzen kirchlicher Vollmacht. München 1956. 43 S. II Ea 18754

Wehrhahn,H.: Kirchenrecht und Kirchengewalt. Studien z.Theorie d. Kirchenrechts d.Protestanten auf lutherischer Lehrgrundlage. Tübingen 1956. 160 S. II Ea 17958

8.Verwaltungsrecht

Allen,C.K.: Administrative Jurisdiction. London 1956. 101 S.
V Ea 18552

Besoldungstabellen im öffentlichen Dienst zum Ablesen der Bezüge der Beamten, der Vergütung d.Angestellten u.d.Lohnbezüge der Arbeiter. Ab 1.April 1957. Neuwied a.Rh.1957. 15 S. II Eb 456

Christen,M.: Kantonale Regalien und Bundespolizeirecht. Turbenthal 1950. 154 S.- Bern,Jur.Fak.,Diss.v.12.Mai 1949 V Ea 16801

Clarke, J.J.: A History of local government of the United Kingdom. London 1955. 303 S. V Ea 18710

Deutscher Städte-und Gemeindetag. Gründgsversammlg am 15.u.16.März 1957 in Berlin.(Auszüge aus d.Protokoll) Berlin 1957. 103 S.
I Ea 16597

Krbek,I.: (Grundlagen des Verwaltungsrechts der Föderativen Volksrepublik Jugoslawien, slowen.:) Osnovi upravnog prava FNRJ. Zagreb 195o. 610 S. IV Ea 16264

Mayer,E.;O.Widmann: Hand- und Spanndienste der Gemeinden. Stand: Nov. 1956. München 1956. 95 S. II Ea 18397

Salemi,G.: (Die Verwaltungsjustiz. 4.Aufl.,ital.:) La Giustizia amministrativa. 4.ed. Padua 1954. 292 S. V Ea 15629

Schmidt,H.: Organisation und rechtliche Stellung der kantonalen AHV-Ausgleichskassen. Hamburg 1955. 101 S.- Zürich,Jur.Fak.,Diss. vom 5.Nov.1955 II Ea 16630

Ultsch,H.;W.Vater;E.Schmidt: Organisation und Planung der volkseigenen örtlichen Industrie. Berlin 1957. 356 S. I Ea 18528

(Das Verwaltungsrecht der Föderativen Volksrepublik Jugoslawien. Allg.Teil, serbokroat.:) Administrativno pravo FNRJ. Opsti deo. Komm.: N.Stjepanovid! Belgrad 1954. 504 S. IV Ea 15898

9.Finanz-,Steuer-und Preisrecht

Gesamt-Abzugs-Tabelle zum Ablesen aller Abzüge. Lohnsteuer,Kirchensteuer,Sozialversicherungsbeitr.,bei monatl.,wöchentl.u.tägl.Lohn-u.Gehaltszahlg. Ausg.Berlin. Berlin 1957. 50 S. II Eb 808

Bühler,O.: Steuerrecht der Gesellschaften und Konzerne. 3.neubearb. erw.Aufl.mit e.Anhang Konzerngestaltgn. Berlin,Frankfurt/M. 1956. 451 S. II Ea 18628

Schützenmeister,H.: Lehrmethodische Anleitung zum Studium des Finanzrechts der Deutschen Demokratischen Republik. Berlin 1957. I Ea 16546

10.Strafrecht,Strafprozeß

Ammann,W.;D.Posser: Zweite Denkschrift über Probleme der Justiz in politischen Strafsachen. Heidelberg 1956. 16 S. II Ea 16236

Bader,M.: Die retrospektive Realkonkurrenz. Auslegg u.Anwendg d. Art.68 Ziff.2 des StGB. Bern 1948. 51 S.- Bern,Jur.Fak.,Diss.vom 6.Febr. 1947 V Ea 16809

Fragen des Beweisrechts im Strafprozeß. Protokoll e.Konferenz d. Deutschen Instituts für Rechtswissenschaft in Potsdam-Babelsberg vom 7.-8.Dez.1956. Berlin 1957. 179 S. I Ea 16882

Cieślak,M.: (Das gesellschaftliche Interesse als Faktor, der es bedingt, daß der Staatsanwalt die Anklage in einer Privatklage übernimmt, poln.:) Interes społeczny jako czynnik warunkujacy prokuratorskie objecie oskanzenia w sprawie prywatno-skargowej. o.O.(um 1956). S.1049-1060. Sonderdr.(Quelle nicht zu ermitteln) IV Ea 16039

Cieślak,M.: (Hauptprobleme der Protokolle im Zivil-und Strafprozeß, poln.:) Podstawowe zagadnienia protokoł ow w procesie cywilnym i karnym. o.O.(um 1954). S.585-613 Sonderdr.(Quelle nicht zu ermitteln) IV Ea 16046

Cieślak,M.: (Der Begriff der Gefährlichkeit im Strafrecht, poln.:) Pojecie niebezpieczeństwa w prawie karnym. o.O.(um 1953) S.149-166. Sonderdr.(Quelle nicht zu ermitteln.) IV Ea 16038

Doehring, H.: Der Begriff der Öffentlichkeit im reichsdeutschen und österreichischen Strafrecht sowie im Entwurf eines Allgemeinen Deutschen Strafgesetzbuches. Leipzig 1931. 76 S. Ea 18621

Frank,S.:(Theorie des Strafrechts nach dem Strafgesetzbuch des Jahres 1951. Allg.Teil, serbokroat.:) Teorija kaznenog prava po krivičnom zakoniku od godine 1951•Opći dio. Zagreb 1955. 299 S. IV Ea 15908

Gel'fer,M.A.: (Die Hauptzüge des Strafrechtes der Föderativen Volksrepublik Jugoslawien, russ.:) Osnovnye čerty ugolovnogo prava Federativnoj Narodnoj Respubliki Jugoslavii. Moskau 1956. 53 S. III Ea 16739

Helmont,M.van: La Mission de la police et l'action pénitentiaire. Conf.donnée à l'hotel de ville de Bruxelles, le 17 avril 1957. Brüssel 1957. 27 S. V Ea 16798

Hermann,K.: Die Amtsanmassung nach geltendem deutschen und österreichischen Strafrecht. Leipzig 1934. 53 S. Ea 18516

Kuzenecova,N.F.: (Fragen des allgemeinen Teils des Strafrechts in der Deutschen Demokratischen Republik, russ.:)Voprosy obščej časti ugolovnogo prava Germanskoj Demokratičeskoj Respubliki.Moskau 1957. 44 S. III Ea 18564

Mittermaier,W.: Das österreichische Strafverfahren. Eine Studie. Leipzig 1933. 66 S. Ea 18517

Naumann,W.: Der fahrlässige Falscheid unter Berücks.d.reichsdeutschen und österreichischen Strafgesetzentwürfe. Leipzig 1937. 48 S. Ea 18513

Oberländer,A.: Die Bereicherungsabsicht beim Diebstahl nach deutschem, österreichischen und künftigem Recht. Leipzig 1931. 64 S. Ea 18523

Riebes,O.: Die Freiwilligkeit beim Rücktritt vom Versuch nach reichsdeutschem, österreichischen Recht und nach d.Entwurf. Leipzig 1931. 38 S. Ea 18520

Roller,M.: Der Widerstand gegen die Staatsgewalt im reichsdeutschen und österreichischen Recht. < § 113,114-119 RStGB,82 öStGB > mit bes.Berücks.d.Rechtsprechg d.Reichsgerichtes u.d.österr.Obersten Gerichtshofes. Leipzig 1934. 81 S. Ea 18515

Travaux de la Semaine internationale de Strasbourg 18 au 22 mai 1954. Les orientations nouvelles des sciences criminelles et pénitentiaires. Paris 1955. 236 S. V Ea 18790

Sluckij,I.I.: (Umstände die eine strafrechtliche Verantwortung ausschliessen, russ.:) Obstojatel'stva,isključajuščie ugolovnuju otvestvennost'. Leningrad 1956. 116 S. III Ea 18128

Stanik,V.A.: (Das Strafrecht der Polnischen Volksrepublik, russ.:) Ugolovnoe pravo Pol'skoj Narodnoj Respubliki. Moskau 1955. 194 S. III Ea 16727

(Fragen des Strafprozeßrechts der Deutschen Demokratischen Republik, russ.:) Voprosy ugolovno-processual'nogo prava Germanskoj Demokratičeskoj Respubliki. (Aus d.Deutschen übers.) Moskau 1956. 126 S. III Ea 16736

Pravnický ústav ministerstva spravedlnosti. (Das tschechoslowakische Strafrecht,tschech.:) Československé trestní právo. Svazek 1.2. Prag 1957. Bd 1: 428 S. Bd 2: 434 S. IV Ea 16830

Wharton,M.: A nation s Security. The case of Dr.J.Robert Oppenheimer. Ed.from the of evidence given before the Personel Board of the United States Atomic Energy Comm. official transcript Security. London 1955. 398 S. V Ea 18715

Williams,G.: The Proof of guilt. A study of the English Criminal Trial. London 1955. 294 S. V Ea 18722

Zulliger,H.: Helfen statt Strafen auch bei jugendlichen Dieben. Stuttgart 1956. 159 S. II Ea 18757

11.Kriminalistik,Gerichtliche Medizin,Gerichtspsychiatrie,-psychologie

Fehér,M.;J.Farkas: (Der Sachverständigenbeweis in Prozessen über die Abstammung und den Unterhalt der Kinder, ungar.:) Szakértöi bizonyitás a származásmegállapitási és a gyermektartási perekben. Budapest 1956. 135 S. IV Ea 16199

Freyholdt,W.;E.Stelzer: Lehrmethodische Anleitung zum Studium Kriminalistik. Allg.Teil. Berlin 1957. 27 S. I Ea 16536

12.Gerichtsverfassung(einschließlich Staatsanwaltschaft Justizverwaltung,Notariat,Anwaltschaft)

Dobrovol'skaja,T.N.: (Das Volksgericht ist der Hauptbestandteil des Gerichtssystems in der UdSSR, russ.:) Narodnyi sud - osnovnoe zveno sudevnoj sistemy SSSR. Moskau 1956. 117 S. III Ea 16725

Fodor,G.;T.Révai: (Die Organisation der ungarischen Rechtsanwälte, ungar.:) A magyar ügyvédség szervezete. Budapest 1956. 151 S. IV Ea 18300

Jackson,R.H.: The Supreme Court in the American system of government. Cambridge 1955. 92 S. V Ea 18707

Kelly,J.M.: Princeps Judex. Eine Untersuchg zur Entwicklg u.zu d. Grundlagen d,kaiserl.Gerichtsbarkeit. Weimar 1957. 107 S. I Ea 18732

March,P.: Die materiellrechtlichen Bestimmungen des reichsdeutschen und österreichischen Jugendgerichtsgesetzes. Leipzig 1933. 100 S. Ea 18512

Rachunov,R.D.: (Die Überprüfung der Urteile und Bestimmungen in den Präsidien der Gerichte, russ.:) Peresmotr prigovorov i opredelenij v prezidiumach sudov. Moskau 1956. 131 S. III Ea 18475

Shaw,W.: Evidence and procedure in magistrates' courts. 2nd ed. London 1955. 115 S. V Ea 18704

13.Zivilrecht

Asknazij,S.J.: (Das Wohnrecht, russ.:) Žiliščnoe pravo. Moskaú 1956. 229 S. III Ea 18377

Borchert,A.: Der Mietvertrag über volkseigene Wohnungen. Halle/S. 1956. getr.Pag.- Halle-Wittenberg, Jur.Fak.,Diss. Dez.1956IEb 817

Casteele,R.van: Le Réassurance au point de vue juridique. Paris 1952. 194 S. V Ea 18756

(Aktuelle Aufgaben aus der Genossenschaftsbewegung in Polen,poln.:) Aktualne zadania ruchu spółdzielczego w Polsce. Warschau 1956. 93 S. IV Ea 16790

Hippel,F.von: Zum Aufbau und Sinnwandel unseres Privatrechts. Ein Vortrag. Tübingen 1957. 61 S. II Ea 18688

Die Konsumgenossenschaften in der Sowjetunion. Moskau 1956. 60 S. IV Ea 18660

Korneev,S.M.: (Vertrag über die Versorgung mit Elektroenergie zwischen den sozialistischen Organisationen,russ.:) Dogovor o snabženii elektroenergiej meždu socialističeskimi organizacijami. Moskau 1956. 105 S. III Ea 16728

Kožucharow,A.: (Das Schuldrecht. Einzelne Arten der Schuldverhältnisse, bulgar.:) Obligacionni pravo. Otdelni vidove obligacionni otnošenija. Sofia 1956. 459 S. IV Ea 16680

Krakowiak,F.;Turkowski;S.Wieloński: (Dienstleistungen der Gewerbegenossenschaften, poln.:) Usługi spółdzielczości pracy. Warschau 1957. 183 S. IV Ea 16688

Métaxas,J.A.;G.B.Tombacopoulos:Discours sur le Code civil hellénique. Athen 1940. 31 S. Ea 16677

Meyer-Cording,U.: Die Vereinsstrafe. Tübingen 1957. 167 S. II Ea 18673

Novickij,I.B.: (Grundlagen des römischen Zivilrechts, russ.:) Osnovy rimskogo graždanskogo prava. Moskau 1956. 225 S. III Ea 18362

Samojlovič,P.D.: (Rechtliche Regelung der Seefrachttransporte, russ.:) Pravovoe oformlenie morskich perevozok gruzov. Moskau 1954. 259 S. III Ea 18370

Tasev,C.: (Das bulgarische Erbrecht. 2.Aufl.,bulgar.:) Bulgarsko nasledstveno pravo. 2.izd. Sofia 1956. 275 S. IV Ea 16681

Vasilev,L.: (Zivilrecht der Volksrepublik Bulgarien,Allg.T.,3.Aufl., bulgar.:) Graždanskogo pravo na Narodna Republika Bulgarija. Obšca čast. 3.,izd. Sofia 1956. 586 S. IV Ea 16682

(Fragen des Zivilrechts, Sammlung von Aufsätzen, russ.:) Voprosy graždanskogo prava. Pod.red.I.B.Novickogo. Moskau 1957. 223 S. III Ea 16911

Leningradskij ordena Lenina Gosudarstvennyj Universitet imeni A.A.Ždanova. (Abhandlungen über das Zivilrecht.Sammlung von Aufsätzen, russ.:) Očerki po graždanskomu pravu. Sbornik statej. Leningrad 1957. 29o S. III Ea 18679

14.Urheber-und Erfinderrecht

Benkard,G.: Der gegenwärtige Stand des Patent- und Gebrauchsmuster-Rechts. 2.,erw.Aufl. Tübingen 1950. 36 S. II Eb 414

Knap,K.: Das neue Urheberrechtsgesetz der Tschechoslowakei. Mit der dt -sprach.Fassg d.Urheberrechtsges.vom 22.Dez.1953. Baden-Baden 1956. 64 S. II Ea 18330

Lienhart,E.E.: Das neue Patentgesetz. Abriss d.schweizerischen Patentrechtes. Zürich 1956. 16 S. V Ea 18643

Lüdecke,W.;E.Fischer: Lizenzverträge. T.1: Auslegung und Formulierung von Lizenzverträgen. T.2: Wettbewerbsbeschränkungen in Lizenzverträgen. Weinheim 1957. 791 S. II Ea 18412

Sidjanski,D.S.Castanes: Droit d'auteur ou copyright. Les rapports entre les différents systèmes en vigueur. Lausanne 1954. 133 S. V Ea 18639

15. Vertragssystem und vertragsgerichtliches Verfahren

Deutsches Institut für Rechtswissenschaft. Aktuelle Probleme des Vertragssysteme. Berlin 1957. 91 S. I Ea 17000

16. Handelsrecht, Wertpapierrecht, Kartell-und Wettbewerbsrecht

Chambre de Commerce Internationale. L'Arbitrage commericial et la loi dans les différents pays. Résumé des Règles concernant la convention arbitrale, la procédure la sentence arbitrale, l'exécution des sentences et les voies de recours, par le Secr. Gén. de la Chambre de Commerce Internationale. Basel 1951. Loseblattsammlung. V Ea 18757

Bartoš, M.; Z. Antonijcvid'; V. Jovanovid': (Scheck- und Wechselrecht, serbokroat.:) Menicno i cekovno pravo. Belgrad 1953. 307 S. IV Ea 15899

Boekmann, S.: (Der Handelsname, holländ.:) De Handelsnaam. Zwolle 1956. 184 S. Leiden, Rechtswiss. Fak., Diss. vom 2. Mai 1956 V Ea 16693

Cohn, R.: Die nichtige offene Handelsgesellschaft im Rechtsverkehr und der Gläubigerschutz. Leipzig 1930. 106 S. Ea 18510

Zur Reform des Genossenschaftsrechts. Referate u. Materialien. Bd 1. Hrsg.: Bundesjustizministerium. Bonn 1956. 454 S. II Ea 18759

Jüdel, G.: Gesellschafterbeschlüsse bei Personalgesellschaften. Leipzig 1933. 115 S. Ea 18618

Keim, O.: Das sogenannte Publizitätsprinzip im deutschen Handelsrecht unter Berücks. verwandter Rechtsgrundsätze. Leipzig 1930. 105 S. Ea 18617

Ryn, J. van: Principes de droit commercial. T.1. Brüssel 1954. 549 S. V Ea 18791

Gesetz gegen Wettbewerbsbeschränkungen und freie Berufe. Eine Denkschrift d. Bundesverbandes d. freien Berufe. Düsseldorf 1952. 15 S. II Eb 446

17. LPG-Recht, Bodenrecht, Landwirtschaftsrecht

Arlt, R.: Agrarrechtsverhältnisse in West-und Ostdeutschland. Berlin 1957. 276 S. I Ea 16861

Hess, P.: Ökonomische Grundlagen der ländlichen Klassen in Westdeutschland. Berlin 1957. 224 S. I Ea 18721

Hoffmann, E.: Betriebsvergleich und Betriebsstatistik in der Landwirtschaft. Radebeul 1957. 113 S. I Ea 18734

(Die Kollektivierung der Landwirtschaft, russ.:) Kollektivizacija sel'skogo chozjajstva. Moskau 1957. 573 S. III Eb 429

Mückenberger, E.: Die Perspektive der Landwirtschaft und die Klassenverhältnisse auf dem Dorfe in der Deutschen Demokratischen Republik. Berlin 1957. 51 S. I Ea 18531

Nosirev,S.;M.Sidelnikov;K.Miseiuk: (Kreditierung der Kolchosen durch die Landwirtschaftsbank, rumän.:) Creditarea colhozurilor de către banca agricola. Bukarest 1955. 183 S. IV Ea 14211

Pavlov,I.V.;L.N.Bachovkina: (Das Recht des kollektivwirtschaftlichen Eigentums in der UdSSR, russ.:) Pravo kolchoznoj sobstvennosti v SSSR. Moskau 1957. 183 S. III Ea 16731

Beiträge zum Recht der Landwirtschaftlichen Produktionsgenossenschaften. Eine Sammlg von Übersetzgn. Zsgest.u.bearb.von R.Arlt. Berlin 1957. 119 S. I Ea 16903

Rubač,M.A.: (Abriss der Geschichte der revolutionären Reform der Agrarverhältnisse in der Ukraine, russ.:) Očerki po istorii revoljucionnogo preobrazovanija agrarnych otnošenij na Ukraine.Kiew 1957. 455 S. III Ea 18481

Schmidt,W.: Die Revisionskommission der LPG. Ihre Aufgaben-ihre Arbeitsmethoden. Berlin 1957. 387 S. I Ea 18781

Stipetić,V.: (Die Agrarreform und Kolonisation der FVRJ in den Jahren 1945 - 1948, serbokroat.:) Agrarna reforma i kolonizacija u FNRJ godine 1945-1948. Zagreb 1954. S.431-472. Aus: Odjet za filozofiju i društvene nauke. Kniga 5. IV Ea 16250

Weber,F.: Die Bedeutung und Rechtsnatur des Ablieferungsbescheides für landwirtschaftliche Erzeugnisse. Halle< Saale > 1956. Getr.Pag.- Halle-Wittenberg,Jur.Fak.,Diss.von 1956 I Eb 811

18.Familienrecht

(Fragen des Familienrechts, bulgar.:) Vuprosi na semejnoto pravo. Von B.Burov u.a. Sofia 1956. 282 S. IV Ea 16829

Ford,D.: The deprived Child and the community. London 1955. 226 S. V Ea 18711

Padrutt,W.: Die Ehestörungsklage. Bern 1954. 157 S. V Ea 18642

Patschová,Z.;R.Orlický;J.Štěpina: (Die Unterhaltspflicht nach dem Gesetz über das Familienrecht, tschech.:) Vyživovací povinnost podle zákona o právu rodinném. Prag 1956. 311 S. IV Ea 15872

19.Zivilprozeß und Freiwillige Gerichtsbarkeit

Cieślak,M.: (Hauptprobleme der Protokolle im Zivil- und Strafprozeß, poln.:) Podstawowe zagadniennie protokoł'ow w procesie cywilnym i karnym. o.O.(um 1954). S.585-613. Sonderdr. (Quelle nicht zu ermitteln) IV Ea 16046

Gaul,H.F.: Die Grundlagen des Wiederaufnahmerechts und die Ausdehnung der Wiederaufnahmegründe. Zugl.e.Beitr.zum Problem d.Analogie beim enumerativen Ausnahmerechtssatz. Bielefeld 1956. 227 S. II Ea 18393

Kleinschmidt,W.: Das Berichtigungsverfahren nach deutschem und österreichischen Zivilprozess. Leipzig 1932. 190 S. Ea 18518

Krencker,M.: Die Wahrheitspflicht der Parteien im deutschen und österreichischen Zivilprozessrecht. Leipzig 1935. 96 S. Ea 18619

Lipari,F.G.: (Lektionen des Zivilprozessrechts. 2.Aufl., ital.:) Lezioni di diritto processuale civile.2.ed. Padua 1955. 94 S. V Ea 15611

Maelzer,H.: Vernehmung der Partei und Parteieid im reichsdeutschen österreichischen u.künftigen deutschen Zivilprozess. Leipzig 1931. 75 S. Ea 18522

Obermanns,J.: Welche Gegenstände sind unpfändbar? Der Pfändungsschutz aus § 25 VO -VZV < § 811 ZPO > bei d.Sachpfändg.Stuttgart, Hannover 1956. 31 S. II Ea 18402

Ricci,H.P.: Reformatio in peius und Anschliessung an das Rechtsmittel im Zivilprozess <unter vergleichsweiser Heranziehung d.Strafprozesses u.d.Steuerjustizverfahrens >. Winterthur 1955. 108 S.- Zürich,Jur.Fak.,vom 22.Jan.1955 V Ea 16636

Schellenberg,Ch.: Die betreibungsrechtlichen Wirkungen des Eigentümergrundpfandes nach schweizerischem Recht. Turbenthal 1955. 85 S.- Zürich,Jur.Fak.,Diss.vom 19.Febr.1955 V Ea 16631

Sommerfeld,M.: Die Grundzüge des reichsdeutschen und österreichischen Versäumnisverfahrens mit Berücks.d.Entwurfs e.reichsdt. Zivilprozessordnung u.Vorschlägen de lege ferenda. Leipzig 1933. 87 S. Ea 18511

Vsesojuznyj Institut Juridičeskich Nauk Ministerstva Justicii SSSR. (Zivilprozess,russ.:) Graždanskij process. Moskau 1948. 482 S. III Ea 16919

Das Zivilprozessrecht der Deutschen Demokratischen Republik. Von einem Autorenkollektiv unter d.Leitg von H.Nathan. Bd 1. Berlin 1957. 427 S. I Ea 18701

20.Arbeits-und Sozialrecht incl.Verfahren

(Abhandlung über das Arbeitsrecht, 2.Aufl.,ital.:) Trattato di diritto del lavoro. Diretti dai U.Borsi;F.Pergolesi. 2.ed. Padua 1953-1955. Vol.1-5. Vol.1: 1955. 539 S. Vol.2:1953. 549 S. Vol.3: 1953. 45o S. Vol.4;parte 1: 1954. 446 S. Vol.4,parte 2: 1954. 371 S. Vol.5: 1954. 426 S. V Ea 15603

Artem'ev ,F.A.: (Kurzes Lehrbuch der Arbeitsschutzgesetzgebung, russ.:) Kratkoe posobie po zakonodatel'stvu ob ochrane truda. Moskau 1955. 134 S. III Ea 18378

Baierl,F.: Produktivitätssteigerung durch Lohnanreizsysteme mit 30 Bildern u.89 Tafeln u.Zahlentafeln. München 1956. 202 S. II Ea 18569

Balling,H.: Tariflöhne und Tätigkeitsmerkmale für Beschäftigte in der privaten Wirtschaft und im Handwerk. Berlin 1957. 406 S. I Ea 18542

Bitzer,W.: Das Verfahren in Arbeitssachen. Köln 1956. 276 S. II Ea 18547

Jugendarbeit auf dem Lande. Mit Beiträgen von D.Deneke,W.Plessen, R.Lenhartz,W.Wissing. Hannover 1955. 140 S. II Ea 18752

Knabe,E.;W.Böhm: Das Recht der Schwerbeschädigten. 5.verb.u.erg. Aufl. Berlin 1957. 244 S. I Ea 18655

Kunz,Th.;H.Paul: Das arbeitsgerichtliche Verfahren. Eine Anl.f.d. Praxis. Berlin 1957. 342 S. I Ea 18467

Mane,R.;V.Petitlaurent: Droit du travail et législation sociale. Grundwerk u.2 Nachträge. Paris 1948-1954. T.1: 1948. 399 S. T.2: 1950. 68 S. T.3: 1954. 46 S. V Ea 18336

Müller,G.: Das Mitbestimmungsrecht der Betriebsräte nach den Betriebsrätegesetzen von Hessen,Württemberg-Baden, Südbaden u.Bremen. Heidelberg 1949. 40 S. II Ea 18201

Panova,E.A.: (Das sowjetische Recht - ein Mittel der Erziehung zum kommunistischen Verhalten gegenüber der Arbeit,russ.:) Sovetskoe pravo - orudie vospitanija kommunističeskogo otnošenija k trudu. Moskau 1957. 124 S. III Ea 18130

Die Rechte der Arbeiter und ihre Verwirklichung im Osten und im Westen Deutschlands. Zsgest.vom Min.f.Arbeit u.Berufsausbildg. Berlin 1957. 58 S. I Ea 18468

Schneider,R.: Geschichte des Arbeitsrechts der Deutschen Demokratischen Republik. Berlin 1957. 96 S. I Ea 16889

Institut" Finanzen und Steuern", Bonn a/Rh. Die Sozialreform. Bonn 1956. 107 S. II Ea 18413

Vester,H.;A.H.Gardner: Trade Unions and the Law. London 1955. 120 S. V Ea 18708

Weltner,A.: (Lehrbuch des ungarischen Arbeitsrechts, ungar.:) A magyar munkajog. Budapest 1955. 527 S. IV Ea 16683

21.Internationales Privatrecht

Fleck,R.: Das Niederlassungsrecht. Grundzüge seiner Systematik dargest.am dt.Recht. Köln 1956. 63 S. II Ea 18435

Jezdid',M.: (Internationales Privatrecht. T.1, serbokroat.:) Med'unarodno privatno pravo. I. Belgrad 1952. 175 S. IV Ea 15897

Littmann,B.: Die kollisionsrechtliche Bedeutung von Art.418,lit.b, Abs.2 OR. Winterthur 1955. 111 S.-Zürich,Jur.Fak.,Diss.vom 9.Juli 1955 V Ea 16627

Wolff,M.: Private international law. 2 nd ed. Oxford 1950. 631 S. V Ea 18763

22.Festschriften

Das Menschenbild im Lichte des Evangeliśmus.Festschrift zum 60.Geb. von E.Brunner. Zürich 1950. 185 S. V Ea 18632

Strafprozess und Rechtsstaat. Festschrift zum 70.Geburtstag von H.F.Pfenninger. Zürich 1956. 231 S. V Ea 18638

Juristische Ausbildungs-und Prüfungsfragen

Keine Eingänge

D. ÜBERSETZUNGEN AUS DER ZEITSCHRIFT "SOVETSKOE GOSUDARSTVO I PRAVO[1])

Inhaltsverzeichnis von 1957, Heft 8:

Artikel

Unter der Leitung der Kommunistischen Partei für die weitere Festigung des sozialistischen Sowjetstaates. S.3 - 11

Mal'kewič.V.V.(Malkjewitsch,W.W.): Die schöpferische Rolle der Massen bei der Schaffung der ersten Gesetze der Sowjetmacht. S.12- 21

Mišunin,P.G.;N.V.Mironov (Mischunin,P.G.;N.W.Mironow): Der juristische Charakter der Akte, die von den Obersten vollziehenden und verfügenden Organen der Staatsgewalt der UdSSR, der Unions- und Autonomen Republiken herausgegeben werden. S.22- 33

Nesterov,A.M.(Nesterow,A.M.): Einige Fragen der rechtlichen Stellung der MTS. S.34- 41

Szabo,I.: Über die Besonderheiten der Entwicklung des Rechtes in der Ungarischen Volksrepublik. S.42- 51

Braude,I.L.: Fragen der gesetzgebenden Technik. S.52- 59

Kudrjavcev,V.N.(Kudrjawzew,W.N.): Die Art der Begehung des Verbrechens und dessen strafrechtliche Bedeutung. S.60- 69

Gol'st, G.R.: Die Hauptaufgabe der Untersuchung im sowjetischen Strafprozeß. S.70- 80

Durdenevskij,V.N.(Durdenewskij,W.N.): Die Neutralität im System der kollektiven Sicherheit. S.81- 91

Ledjach,I.A.: Der Bundestag der Bundesrepublik Deutschland. S.92-100

Baglaj,M.V.: Die Einschränkung des Rechts auf den Streik in den USA. S.101-110

Mitteilungen und Notizen

Baru,M.I.: Der Übergang des Eigentumsrechts bei der Vergenossenschaftung des Betriebes. S.111-114

Čeburachin,G.T.(Tscheburachin,G.T.): Die Praxis der Anwendung der Gesetzgebung der UdSSR über die zivile Rechtsfähigkeit der Ausländer. S.114-117)

1) Die hier angezeigten Artikel werden laufend übersetzt und sind gemäß der Benutzungsordnung der Bibliothek des Deutschen Instituts für Rechtswissenschaft ausleihfähig.

Rubanik,K.P.: Die Haager Konvention von 1954 über den Schutz der kulturellen Werte im Falle eines bewaffneten Konflikts. S.117-120

Valentin,M.: Die Praxis der Gerichte in der Rumänischen Volksrepublik in Familienangelegenheiten. S.120-123

Pressestimmen

Zur Frage der Reform der Untersuchung. S.124-129

Wissenschaftliches Leben

Die Schaffung der Assoziation für Völkerrecht in der UdSSR. S.130

Pavlovskij,R.S.(Pawlowskij,R.S.): Im Charkower juristischen Institut. S.131-133

Rezensionen

Isupov,D.N.;V.Z.Jančuk;J.N.Popov-Čerkasov(Isupow,D.N.;W.S.Jantschuk; I.N.Popow-Tscherkasow): Über das Buch von G.N.Poljanskaja,"Der Schutz des Rechtes des staatlichen Eigentums an Waldungen". Moskau 1956. S.134-141

Flejšic,E.A.(Flejschiz,E.A.): Über das Buch von I.S.Pereterskij, "Die Digesten Justinians". Abriss der Geschichte und allgemeine Charakteristik. Moskau 1956. S.141-143

Wissenschaftliches Leben im Ausland

Der Stand der wissenschaftlichen Forschungsarbeit in den politisch rechtswissenschaftlichen Instituten und in den juristischen Fakultäten der Universitäten in der Volksrepublik China im Jahre 1956. S.144-145

Gelfer,M.A.: Ein interessantes Werk über das sozialistische Strafrecht der ČSR. S.145-148

Bibliographie

Neue juristische Literatur in der UdSSR (April-Mai 1957). S.149-151

Die juristische Literatur in den Ländern der Volksdemokratie. ČSR 1956. S.152-155

Juristische Literatur im Auslande. Theorie und Geschichte des Staates und des Rechtes 1954-1956. S.156-160

Inhaltsverzeichnis von 1957, Heft 9:

Artikel

Suchodrev,V.N.(Suchodrew,W.N.): Die Systematisierung der Gesetzgebung der UdSSR und der Unionsrepubliken - eine Sache von staatlicher Bedeutung. S.3 - 11

Gedvilas,M.A.;S.G.Novikov(Nowikow,S.G.): Über die Tätigkeit der Kommissionen für Gesetzgebungsvoraussetzungen beim Obersten Sowjet der UdSSR. S.12 - 24

Barsegov,J.G.(Barsegow,J.G.): Die Achtung der territorialen Unversehrtheit als eines der Prinzipien der friedlichen Koexistenz. S.25 - 31

Emel'janov,P.V.;V.S.Kudrjavcev(Jemeljanow,P.W.;W.S.Kudrjawzew): Die Verantwortlichkeit für die Erfüllung der Verpflichtungen bei Produktionslieferungen muß verstärkt werden. S.32 - 41

Volkov,A.I.(Wolkow,A.I.): Rechtliche Fragen der landwirtschaftlichen Umsiedlung in der UdSSR. S.42 - 49

Ramzajcev,D.F.(Ramsajzew,D.F.): Die Fragen des internationalen Privatrechts in der Praxis der Außenhandelsarbitragekommissionen. S.50 - 60

Tichomirov,J.A.(Tichomirow,J.A.): Einige Fragen der Organisation und der Tätigkeit der Rayonsowjets in den Städten. S.61 - 68

Roščin,V.N.(Roschtschin,W.N.): Die prozessuale Stellung des Verdächtigten im sowjetischen Strafprozeß. S.69 - 75

Goršenin,K.P.(Gorschenin,K.P.): Die Tätigkeit der Organe der Interparlamentarischen Union. S.76 - 81

Vostokov,E.S.(Wostokow,E.S.): Über den Staatsaufbau Ägyptens. S.82 - 92

Gromakov,B.S.(Gromakow,B.S.): Die staatsrechtlichen Anschauungen Thomas Jeffersons. S.93 -104

Übersicht über die Gerichts- und Arbitragepraxis

Makarova,N.P.(Makarowa,N.P.): Die neue Verordnung über den Gang der Verhandlung von Arbeitsstreitigkeiten in der Gerichtspraxis. S.105-108

Kuznecova,N.F.(Kusnezowa,N.F.): Über die Qualifizierung des Raubüberfalls. S.109-113

Mitteilungen und Bemerkungen

Kudinov,N.A.: Die Anfrage der Deputierten der örtlichen Sowjets und ihre Formen. S.114-116

Stumbina,E.J.: Aus der Gerichtsgeschichte Sowjetlettlands. S.117-121

Ul'janova,L.P.(Uljanowa,L.P.): Die Reorganisation der Staaten in Indien. S.122-126

Andreev,M.V.(Andrejew,M.W.): Die Befugnisse des Kassationsgerichts in bezug auf Entscheidungen der erstinstanzlichen Gerichte. S.127-128

Wissenschaftliches Leben

Tulisov,M.P.(Tulisow,M.P.): Die demokratischen Juristen im Dienste des Friedens. (Tagung der IVDJ vom 30.März bis 1.April 1957 in Prag) S.129-131

Muntjan,V.L.: Aus der juristischen Fakultät der Kiewer Staatlichen T.G.Schewtschenko-Universität. S.132-134

Rezensionen

Strogovič,M.S.(Strogowitsch,M.S.): Der sowjetische Strafprozeß (Unter der Redaktion von D.S.Karev). Moskau 1956. S.135-138

Landkof,S.N.;T.N.D'jačenko(T.N.Djatschenko): V.I.Serebrovskij: Fragen des sowjetischen Urheberrechts. Moskau 1956. S.139-143

Die Rechtswissenschaft im Ausland

Machnenko,A.Ch.: Übersicht über die polnische Zeitschrift "Państ-wo i Prawo", Jahrgang 1956. S.144-150

Die wissenschaftliche Tagung der Universitäten von Cluj in der Rumänischen Volksrepublik. S.151

Tunkin,G.I. R.Quadri: Das Internationale öffentliche Recht. Palermo 1956. S.152-155

Bibliographie

Neue juristische Literatur der UdSSR (Mai-Juni 1957) S.156-158

Juristische Literatur der Länder der Volksdemokratie. ČSR (1956) S.159-160

E. 14.(28.) VERZEICHNIS DER IN DER BIBLIOTHEK DES DEUTSCHEN INSTITUTS FÜR RECHTSWISSENSCHAFT VORHANDENEN UNVERÖFFENTLICHTEN ÜBERSETZUNGEN [1)]

1.Gesetzesmaterialien und Dokumente (auch Verfassungen und Kurzkommentare)

Keine Eingänge

2.Philosophie

Sverák,V.: Zu einigen Fragen der marxistisch-leninistischen Theorie über die Stellung des Proletariats. K některým otázkám marxisticko-leninské theorie postavení proletariátu [dt.] 36 S.
Aus: Nová mysl. 1957/9. ÜT 444

3.Rechtswissenschaft (Aufgaben und Methoden)

Kozlowski,K.: Über den praktischen und den theoretischen Charakter der Rechtswissenschaften. O praktycznym i teoretycznym charakterze nauk prawnych [dt.] 15 S.
Aus: Państwo i pwawo. 1957/1.
[Betr.: Polen] ÜP 568

Über einige Fragen der sowjetischen Rechtswissenschaft. O nekterych otázkách sovetské právní vedy [dt.] 6 S.
Aus: Právnik 1957/6. ÜT 445

4.Staats- und Rechtstheorie

Alexandrov,N.(Aleksandrov,N.): Die Festigung der sozialistischen Gesetzlichkeit-eine wichtige Voraussetzung der Entwicklung der sozialistischen Ordnung. Ukreplenie socialističeskoj zakonnosti-važnoe uslovie razvitija socialističeskogo stroja [dt.] 33 S.
Aus: Kommunist. 1957/11.
[Betr.: UdSSR] ÜR 977

Marowski,J.: Über die rechtsschöpferischen Befugnisse der Regierung. O uprawnienisch prawotwórczych rzadu [dt.] 38 S.
Aus: Nowe pravo. 1957/7/8.
[Betr.: Polen] ÜP 566

1) Die hier angezeigte Literatur ist gemäß der Benutzungsordnung der Bibliothek des Deutschen Instituts für Rechtswissenschaft für die Mitglieder des Deutschen Instituts für Rechtswissenschaft, Ministerien und zentrale Institutionen der Deutschen Demokratischen Republik und nach der Leihverkehrsordnung der Bibliotheken ausleihfähig.- Verzeichnis 1 - 4 erschien hektographiert, Verzeichnis 5 - 14 ist enthalten im Mitteilungsblatt des Deutschen Instituts für Rechtswissenschaft 1953, Nr.1 - 1955,Nr. 3

Nowacki,J.: Rezension des Buches von Hermann Klenner: Formen unu Bedeutung der Gesetzlichkeit als eine Methode in der Führung des Klassenkampfes. Berlin 1953. 4 S.
Aus: Państwo i prawo. 1957/1. ÜP 555

Rot,H.: In Sachen der Revision des Begriffs der Gesetzlichkeit. Sprawie rewizji pojecia praworzadności [dt.] 9 S.
Aus: Państwo i prawo. 1957/6.
[Betr.: Polen.] ÜP 560

Zawadzki,S.: Zur Frage des Begriffs der Gesetzlichkeit. W sprawie pojecia praworzadności [dt.] 13 S.
Aus: Państwo i prawo. 1957/4 u.5.
[Betr.: Polen] ÜP 545

Znamierowski,C.: Gerechtigkeit. Sprawiedliwośc [dt.] 15 S.
Aus: Państwo i prawo. 1957/4-5. ÜP 549

5.Geschichte der Staats-und Rechtstheorie

Keine Eingänge

6.Staats-und Rechtsgeschichte

Keine Eingänge

7.Völkerrecht und Außenpolitik

Wiewióra,B.: Die Frage der Aufnahme diplomatischer Beziehungen zwischen Polen und der Deutschen Bundesrepublik. < Eine völkerrechtliche Frage.> Problem nawiazania stosunków dyplomatycznych miedzy Polska a Niemiecka Republika Federalna [dt.] 31 S.
Aus: Przeglad Zachodni. 1957/3. ÜP 551

8.Staatsrecht

Bendetson,W.: Über die Verantwortlichkeit des Staates für die durch Staatsfunktionäre verursachten Schäden. O odpiedzialnośi państwa za szakody wyrzadzone przez funkcjonariuszy państwowych [dt.] 42 S.
Aus: Nowe prawo. 1957/3.
[Betr.: Polen] ÜP 559

Pietrzykowski,J.: Neue Bestimmungen über die Haftung des Staates und der staatlichen juristischen Personen für die durch Staatsfunktionäre und -angestellten verursachten Schäden. Nowe przepisy o odpowiedzialności państwa i państwowych osób prawnych za szkody wyrzadzone przez ich funkcionarjuszy i pracownikow [dt.] 17 S.
Aus: Przeglad zagadnień socjalnych. 1957/1.
[Betr.: Polen] ÜP 570

9.Verwaltungsrecht und Allgemeine Aufsicht des Staatsanwalts

Geršberg,S.R.(Gerschberg,S.R.): Lenins Kampf für den demokratischen Zentralismus im wirtschaftlichen Aufbau. Bor'ba V.I.Lenina za demokraticeskij centralizm v chozjajstvennom stroitel'stve [dt.] 53 S.
Aus: Voprosy istorii. 1957/3. ÜR 979

10.Gerichtsverfassung(einschließlich Staatsanwaltschaft, Justizverwaltung,Notariat und Anwaltschaft)

Keine Eingänge

11.Finanzrecht

Keine Eingänge

12.Strafrecht, Strafprozeß

Burda,A.: Zur Frage, ob der erschwerende Umstand der "Wiederholung" und der besonders erschwerende Umstand des "wiederholten Verübens eines Verbrechens" einem Täter angerechnet werden kann, der so angesehen wird, als ob er nicht verurteilt wäre. K otázce, lze-li přičíst přitěžující okolnost "opakování" a zvláště přitěžující okolnost"opetevého spáchání trestného činu" pachatelem, na kterého se hledí, jako by nebyl odsouzen [dt.] 10 S.
Aus: Socialistická zákonnost. 1957/4.
[Betr.: ČSR] ÜT 439

Donner, B.: Der Rechtsverkehr mit dem Ausland nach der neuen Strafprozessordnung. Právní styk scizinon podle nového trestního řa'du. [dt.] 22 S.
Aus: Socialistická zákonnost. 1957/6.
[Betr.: ČSR] ÜT 447

Hatala,V.: Über das Verschulden des Beteiligten bei seiner Verantwortlichkeit nach einem höheren Strafmass. O zavinení účastníka pri jeho zodpovednosti podla vyššej trestnej sadzby [dt.] 20 S.
Aus: Právny obzor. 1957/3.
[Betr.: Slowakei] ÜS 108

Lernell,L.: Rezension über die Arbeit von Hans Gerats: Die Lehre vom Objekt des Verbrechens. Berlin 1955. 9 S.
Aus: Państwo i prawo. 1957/2. ÜP 557

Steiner,J.: Das Adhäsionsverfahren in der neuen Strafprozessordnung. Adhézne konanie v novom trestnom poriadku [dt.] 26 S.
Aus: Právny obzor. 1957/6.
[Betr.: Slowakei] ÜS 106

Vybiral,B.: Die neuen Strafgesetze müssen richtig begriffen werden. Za správné chápání nových trestních zákonu [dt.] 13 S.
Aus: Právník. 1957/6.
[Betr.: ČSR] ÜT 437

Wolowski,J.: Schuld und Strafe. Wina i kara [dt.] 14 S.
Aus: Nowe drogi. 1957/7.
[Betr.: Polen] ÜP 564

13.Kriminalistik,Gerichtliche Medizin,Gerichtspsychiatrie-,psychologie

Keine Eingänge

14.Zivilrecht

Falenciak,J.: Rezension "Franz Wieacker, Privatrechtsgeschichte der Neuzeit unter besonderer Berücksichtigung der deutschen Entwicklung" [Berlin 1957.] 21 S.
Aus: Czasopismo prawno-historyczne. 1956. T.8, zesyt 2. ÜP 541

Knapp,V.: "Das Zivilrecht der DDR"< Sachenrecht > unter der Redaktion von Martin Posch. Berlin 1956. [dt.] 11 S.
Aus: Právník. 1957/4. ÜT 441

15.Urheber- und Erfinderrecht

Avranov,L.: Die Erbfolge des Urheberrechts. Nasledovane na avtorsko pravo [dt.] 17 S.
Aus: Socialisticesko pravo. 1956/10.
[Betr.: Bulgarien] ÜB 174

16.Vertragssxstem,Vertragsgerichtliches Verfahren

Keine Eingänge

17.LPG- Recht, Bodenrecht

Dumanov,N.;D.Markovski: Der Erlass zum Schutze der Landwirtschaft. Ukaz za opazvane na sel'skoto stopanstvo [dt.] 17 S.
Aus: Socialističesko pravo. 1956/10.
[Betr.: Bulgarien.] ÜB 175

Swiecicki,M.;J.Korytkowski: Agrarrechtsfragen. Zagadnienia prawne rolnictwa [dt.] 46 S.
Orig.ersch.: Warschau 1956.
[Betr.: Polen] ÜP 547

18.Familienrecht

Das Ehegüterrecht. Prawo malženskie majatkowe [dt.] 15 S.
Aus: Dziennik ustaw Polskiej Rzeczypospolitej Ludowej. Nr 31, 17.7. 1946, Dekret Nr 196 ždnia 29.5.1946 r. ÜP 554

Radvanová,D.: Ehe und Ehescheidung in der sozialistischen Gesellschaft. Manželství a rozvod v socialistické společnosti [dt.] 36 S.
Aus: Nová mysl. 1957/7.
[Betr.: ČSR] ÜT 429

19.Zivilprozeß(einschließlich Familienrechtliches Verfahren)

Kopera,J.: Über verschiedene Änderungen der Zivilprozessordnung. O kilka zmian k.p.c. [dt.] 8 S.
Aus: Nowe prawo. 1957/9.
[Betr.: Polen] ÜP 543

Stajgr,F.: Der Schutz des sozialistischen Eigentums nach dem Zivilprozessrecht. Ochrana socialistického vlastnictví s hlediska občanského práva procesního [dt.] 24 S.
Aus: Právník. 1957/3.
[Betr.: ČSR] ÜT 435

20. Arbeitsrecht und Arbeitsrechtliches Verfahren

Bericht aus der Tagung der Abteilung Zivilrecht des Instituts für Rechtswissenschaft an der Polnischen Akademie der Wissenschaften, gewidm.d.Arbeit des...M. Swieciki, "Das landwirtschaftliche Arbeitsverhältnis in den Produktionsgenossenschaften d.Volksrepublik Polen." Sprawozdanie z posiedzenia dzialu prawa cywilnego Instytutu Nauk Prawnych PAN, poświeconego pracy M. Swiecickiego pt. "Spóldzielczy stosunek pracy w spoldzielniach produkcyjnych PRL" [dt.] 6 S.
Aus: Państwo i prawo. 1957/6. ÜP 562

Hromada,J.: Zur Frage des Gegenstandes und des Systems des Arbeitsrechts. K otázke predmetu a sústavy pracovného práva [dt.] 14 S.
Aus: Právny obzor. 1957/5.
[Betr.: ČSR] ÜT 431

Salwa,Z.: Rolle und Inhalt der Arbeitsordnung. Rola i treść regulaminu pracy [dt.] 14 S.
Aus: Przeglad zagadnień socjalnych. 1956/12.
[Betr.: Polen] ÜP 539

Internationales Privatrecht

Keine Eingänge

ALPHABETISCHES SACHGRUPPRNVERZEICHNIS

Allgemeine Aufsicht des Staatsanwalts S.434,486,500
Arbeitsrecht (einschl.Verfahren) S.442,462,493,503
Außenpolitik S.428,447,480,500
Biographien S.469
Bodenrecht S.441,491,502
Buch- und Bibliothekswesen S.468
Dokumente S.474
Familienrecht S.441,461,492,502
Festschriften S.494
Finanz-,Steuer- und Preisrecht(einschl.Verf.) S.435,452,486
Freiwillige Gerichtsbarkeit S.461,492
Gerichtliche Medizin,Gerichtspsychiatrie,-psychologie S.439,455,488
Gerichtsverfassung(einschl.Staatsanwaltschaft, Justizverwaltung,Notariat,Anwaltschaft) S.433,455,489
Geschichte S.471
Geschichte der Staats- und Rechtstheorie S.425,479
Gesetzesmaterialien S.474
Handelsrecht S.458,491
Internationales Privatrecht S.444,467,494
Juristische Ausbildungs-und Prüfungsfragen S.467
Kartell- und Wettbewerbsrecht S.458,491
Kirchenrecht S.486
Kriminalistik S.439,455,488
Landwirtschaftsrecht S.460,491
LPG - Recht S.441,491,502
Marxismus-Leninismus S.423
Nachschlagewerke,allgemeine und bibliographische .. S.468
Philosophie S.469,499
Politik S.472
Rechtsphilosophie S.447
Rechtswissenschaft allgemein(Aufgaben u.Methoden) . S.424,476,499
Sonstiges S.444,467
Sowjetstaat u.Sowjetrecht, Inhaltsverzeichnisse ... S.495
Sozialrecht,Sozialgerichtsbarkeit(einschl.Verf.) .. S.465,493
Soziologie, Staatslehre S.447
Staatsrecht S.431,448,483,500
Staats- und Rechtsgeschichte S.425,447,479
Staats- und Rechtstheorie S.424,477,499
Strafrecht, Strafprozeß S.436,453,487,501
Urheber-und Erfinderrecht S.440,457,490,502
Vertragssystem (einschl.Verfahren) S.441,491
Verwaltungsrecht (einschl.Verfahren) S.434,449,486,500
Völkerrecht S.428,447,480,500
Wertpapierrecht S.458,491
Wirtschaftswissenschaft S.470
Wörterbücher S.468
Zeitschriftenverzeichnisse S.421,445
Zivilprozeß(einschl.Familienrechtliches Verfahren) . S.442,461,492,502
Zivilrecht S.439,456,489,502

FSC
www.fsc.org
MIX
Papier | Fördert
gute Waldnutzung
FSC® C083411

Kolibri 360 GmbH
Ferdinand-Jühlke-Straße 7
99095 Erfurt, Deutschland
produktsicherheit@kolibri360.de